साथ जुड़ें साथ पढ़ें

अनामिका

साहित्य अकादेमी पुरस्कार से पुरस्कृत कवयित्री अनामिका का जन्म 17 अगस्त, 1961 को मुज़फ़्फ़रपुर, बिहार में हुआ। वे दिल्ली विश्वविद्यालय में अंग्रेज़ी की प्रोफ़ेसर हैं। उनकी पुरस्कृत और देश-दुनिया की बहुतेरी भाषाओं में अनूदित प्रमुख कृतियाँ हैं—*बीजाक्षर, अनुष्टुप, कविता में औरत, खुरदुरी हथेलियाँ, दूब-धान, टोकरी में दिगन्त, पानी को सब याद था, My Typewriter is My Piano, Vaishali Corridors* (कविता-संकलन); *अवान्तर कथा, दस द्वारे का पींजरा, तिनका तिनके पास, आईनासाज़* (उपन्यास); *स्त्रीत्व का मानचित्र, स्वाधीनता का स्त्री-पक्ष, त्रिया चरित्रं : उत्तरकांड, स्त्री मुक्ति : साझा चूल्हा, स्त्री-मुक्ति की सामाजिकी : मध्यकाल और नवजागरण, Feminist Poetics : Where Kingfishers Catch Fire, Donne Criticism Down the Ages, Treatment of Love and War in Post-War Women Poets, Proto-Feminist Hindi-Urdu World (1920-1964), Translating Racial Memory, Hindi Literature Today* (आलोचना)।

ई-मेल : anamikapoetry@gmail.com

प्रेम
कविताएँ
उलटी धार

अनामिका

आपै आपन पार

राजकमल पेपरबैक्स

राजकमल पेपरबैक्स में
पहला संस्करण : 2025

राजकमल पेपरबैक्स : उत्कृष्ट साहित्य के जनसुलभ संस्करण

राजकमल प्रकाशन प्रा. लि.
1-बी, नेताजी सुभाष मार्ग, दरियागंज
नई दिल्ली-110 002
द्वारा प्रकाशित

शाखाएँ : अशोक राजपथ, साइंस कॉलेज के सामने, पटना-800 006
पहली मंज़िल, दरबारी बिल्डिंग, महात्मा गांधी मार्ग, प्रयागराज-211 001
1, अनमोल सोराबजी सन्तुक लेन, धोबी तलाव, मरीन लाइंस, मुम्बई-400 002
वेबसाइट : www.rajkamalprakashan.com
ई-मेल : info@rajkamalprakashan.com

यश प्रिंटोग्राफिक्स
नोएडा-201 301 (उत्तर प्रदेश)
द्वारा मुद्रित

मूल्य : ₹299

AAPAI AAPAN PAAR
Poems by Anamika

ISBN : 978-93-6086-338-8

आपै आपन पार

क्रम

लिझंडरी प्रेम, किंवदन्तियों में प्रेम

वार्धक्य में प्रेम की दस्तक

प्रेम इंटरनेट पर

उपरान्त कथन

लरिकाई को प्रेम

स्टीमर : 1974

गंगा के इस घाट से
उस घाट तक
चलती थी हंस-चाल में एक स्टीमर
जैसे उन्नीसवीं सदी
बीसवीं सदी के मुहाने तक!

वहीं मिला था मुझको वो
'प्रतियोगिता दर्पण' में
अपने आगत का चेहरा निहारता—
मेरी उपस्थिति से बिलकुल ही बेख़बर!
'काकचेष्टा वकोध्यानं' की वह महीयसी मुद्रा
मुझको इतनी ज़्यादा अच्छी लगी थी
कि मन ही मन मैं यह सोचने लगी—
क्या इस अनामदास की पीठ में भी खुजली होगी
यदि मैं कभी इसके सामने
अचानक पड़ी?
क्या मन्दराचल से ला सकता है यह भी
नीलकुसुम
मेरी वेणी के लिए?
क्या इसको आएगा मेरी चोटी गूँथना?
बालों की गाँठें निकालना

धीरललित नायकों के धैर्य से?
क्या कोड़ सकता है यह माटी
जब तक कि कुलबुल-कुलबुल करते
जलपाखी निकल नहीं आएँ
इस बंजर मिट्टी से?
क्या पूरे ब्रह्मांड की ख़ातिर
कर सकता है यह अच्छी खेती?
क्या यह रो सकता है किसी के लिए?
क्या इसको आते हैं 'इप्टा' के गाने?
क्या मेरे सब बेसुरे स्वर तराशता हुआ
गा सकता है मेरे संग-संग ये—
"आइए, बहार को हम बाँट लें...
सबकी जीत-हार को हम बाँट लें..."
या पापा की कविता—
"है तुम्हारी बाँह में हरद्वार-काशी,
है तुम्हारी गोद में संन्यास मेरा"?
वग़ैरह-वग़ैरह!

उस दिन पचास मिनट के बदले
तीन मिनट में ही
पहुँच गया स्टीमर
उस घाट तक
और बन्द खरहों की तरह लोग
दरबे के बाहर ऐसे निकले
कि भीड़ में दूर तक दीखता
घुँघराले बालोंवाला
वह सुडौल माथा
अन्ततः डूब ही गया

जनसमुद्र की लहरों में डुबकियाँ लेता!
और एक हूक-सी उठी मुझमें—
धीरे-धीरे अनन्त तक फैलती।

फैलती हुई सब किताबों तक
जो कि इस अजब-अघट के बाद
मैंने पढ़ीं,
रेडियो की सारी गपशप,
सब गानों तक,
अलाव के सब अफ़सानों तक!
जो दृश्य देखे,
उन आँखों से देखे,
नर्सरी राइम की मेरी के
मेमने की तरह ताज़िन्दगी
मेरे पीछे लगे रहे
उस उड़नछू नज़र के धुँधलके
या शिष्ट भाषा में बोलें तो निगाहे-करम के घने साए—
उतरती हुई शाम,
अफरा-तफरी
और भीड़-भड़क्का लाँघकर
मुझ तक ही सीधा चले आए।

प्रत्यभिज्ञा

फत्तन ख़ाँ महाराज
वैसे तो बिरजू महाराज के
शार्गिदों में एक थे,
लेकिन उन्हें ऐसा इश्क़ हुआ था
कि वे तवायफ़ों के ही मुहल्ले में
मसूमानाज के डांस-टीचर हो गए थे
घर-बारी, दरबारी, जो भी कहो!
किसी ने कहा होगा पापा से
कथक सिखाना है जो बेटी को,
पोंगापंथी तो तुम ताख धरो
और इन्हीं को घर बुलाओ!

"गुड़िया बिटिया हैं, गुड़िया बिटिया?"
दूर से गुहारें लगाते
वे ठीक उसी समय घर आते
जब मैं स्कूल से थकी आती
और घर आने को होते
खेल के सारे संगाती!

कभी-कभी देखकर उन्हें मैं
बैठक के बड़े पलंग के नीचे
छुप जाती

वे वहीं आसन लगाकर ज़मीन पर
झाँकते हुए पलंग के दोने के भीतर
मुझ मानो बिल्ली को
बाहर निकालने की
सौ जुगत करते :
"क्या मैं कच्चे ख़ाँव बहुरूपिया हूँ
कि मुझे देखते ही छुप जाती हो तुम डरकर,
ओ बिटिया—नाच रही है सारी कायनात,
नाच रहे हैं सारे तारे, चन्दा-सूरज
जिसके इशारे पर—
वह ही तो इन्तज़ाम करके
भेजता है किसी को
पास किसी के!
यों नहीं ख़लल डालते उसकी मर्ज़ी में!
उसकी ही मर्ज़ी के आगे
माथा झुकाते हुए
जो सामने आए—
उसे ग़ौर से देखो—
पहले भी तुमको कहीं वह मिला होगा
काल के किसी घाट पर किसी ज़माने में—
—पहचानो और नाच जाओ उसे लेके
चौरासी फंदों के पार!"

छोटा ख़याल

‘आलि आई बसन्त ऋतु की बहार!
आलि, कूजत कोयल डार-डार!
झूम-झूमकर नाचन लागे,
हरियाई सब बेलरियाँ,
पिया बिदेस अजहुँ नहीं आए,
सहा न जात, सखि,
दुख अपार!’

यह था वह छोटा ख़याल
जिस पर नचाया मुझे ऐसा
फत्तन ख़ाँ महाराज ने,
कि मेरे घुँघरू ही टूट गए!

ठनकार में
अपना रास्ता तलाशते हुए
कहाँ-कहाँ भटके हैं
घुँघरू के दाने!
अमराई में जब भी झूलता ख़ाली हिंडोला
लू के झकोरों से
और कूकती कोयल,
दौड़ती हुई जाती मैं बाहर—
‘पिया बिदेस अजहुँ नहीं आए’ की

एक अजब तान उठ जाती भीतर!

क्या जाने कौन पिया थे मेरे
और उन्हें जाने कहाँ से आ जाना था।
रंग की थकी, अधभरी बाल्टी,
इधर-उधर फेंकी पिचकारियाँ,
वे अधभरे ठोंगे
पीले-गुलाबी गुलाल समेटे—
चौंककर सभी मेरी ओर देखते—
त्योहार के अगले दिन का अनूठा उजाड़
हरदम पसर जाता था चित्त पर मेरे!
कित्तो गिलहरी भी चौंकती,
चौंक-चौंक जाता था कौतुक ख़रगोश—
चौंक-चौंक जाता था
घुँघरू मयूर,
नहीं चौंकता था तो पूरी गली का दुलारा
वह अपना शेरा,
इधर-उधर बिखरी जूठी पत्तलें सूंघता
उसी ठाठ से घूमता जाता।

गेंदे के फूल चौंक जाते!
वसन्ती हवा की चिकोटी पर
चौंककर
कमर से तपाक
घूम जाती
रमावती नाइन-सी माधवी लता,
आँखों में देखती हुई पूछती—
"बबुनी, किसका इन्तज़ार हो रहा है?
इतनी सुबह

क्यों आ गई हो ओसारे पर,
जबकि मताया पड़ा है ये सारा जगत।
और आ गई हो—
तो एक फाग सुनो—'भर फागुन बुढ़ऊ देवर लागे, भर फागुन!'
पर काहे तुमको बुढ़ऊ से फँसाऊँ
जाओ, भीतर जाओ—
जाकर अम्मा-दादी को जगाओ—
परबी में मेरी ख़ातिर
क्या-क्या रखा है, पूछो तो!"

पीछे-पीछे उसके आती सविता धोबिन,
सर पर धरे गट्ठर
गेल्हावाले मलमल कुरतों,
और कलफदार साड़ियों के—
"लो, अब सँभालो ये कपड़े,
कल तो नहीं आई।
होली के हुड़दंग में
ये सफ़ेद टच्च कपड़े—
इज़्ज़त की तरह ही बचाने पड़ते हैं
लगे नहीं कहीं दाग़-धब्बे
इसमें ही फूँ सरक गई, पूरी ज़िन्दगी गई।"

फिर दोनों की आपस में ही
शुरू बतकही
कि किस कोठी में किसका किससे
चल रहा है नयन-मटक्का,
किसकी बेटी भागने को है,
किस घर का जाम हुआ चक्का!
कौन पेट से है और कौन

सिर्फ़ चिट्ठी-पतरी तक फँसी है।

ये ही सब सुन-सुनकर सिहर गया बचपन,
सारा रोमांस झड़ गया मेरा
सोचते हुए,
"मेरे बारे में कुछ ऐसा प्रवाद उठा
तो मेरे पापा का क्या होगा!
उनका चेहरा कैसा मुरझाएगा!
उनको दुखी करने का
आख़िर क्या फ़ायदा?
किसी का नहीं करना इन्तज़ार—
आए-न-आए
कभी ज़िन्दगी में बहार!"

अरूप विरह-व्यथा

जाने को कोई जगह नहीं मिली
तो मैं अपने भीतर के तहख़ानों में
उतर गई,
एक-एक कर सीढ़ियाँ लाँघती।
वहाँ एक सरोवर मिला
और नायिकाएँ मिलीं—
कई पद्मिनी नायिकाएँ,
कई कुट्टिनी और मुग्धाएँ!
दुनिया की कालजयी कृतियों से—
शास्त्रों से, कुछ पुराणों से—
ये भी निकल भागी थीं शायद
एक नई दुनिया बसाने
आगे आनेवाली पीढ़ियों को
वही ढाई आखर पढ़ाने।
उन्होंने भर गर्मी की छुट्टी,
नानाजी के पुस्तकालय में मेरे ही साथ तो बिताई
और आहिस्ता-आहिस्ता समझाए
सारे रहस्य प्रेम के
जिससे वह अरूप विरह-व्यथा मेरी फिर से लगी
पचखियाँ फेंकने
छाती में मेरी!

अन्तरंग

कैसा वह यक्ष रहा होगा
जिसकी घनघोर व्यथा
घहर-घहर कर बरसी होगी यों
कालिदास के भीतर!
क्यों चाहती है हरेक व्यथा
एक आश्रय ऐसा
जिस पर वह बरस सके घहर-महर!
नानाजी कहते थे—
"उत्सर्जन महाभाव है सृष्टि का
पनपती है इससे ही सृष्टि
और उमड़ती भी है उससे ही!
हर प्रकर्ष का जो उत्सर्जन है—
महाकाल है वो ही
और कालिका उसके प्राणों की महीयसी शक्ति!
संकल्प का ही तो
एक नाम देवता है,
संकल्प साधने की ऊर्जा है
महाशक्ति!
इच्छा नहीं सिद्ध होती संकल्प के बिना
यों ही उमड़ती-घुमड़ती रह जाती है
सृष्टि की छाती में।"

इच्छा और संकल्प—
दोनों की प्रेमकथा
प्रीतिकलह की पींग पर
झूलती रहती है
मज़े से हिंडोला—
यह हिंडोला ज़िन्दगी है!
कालिदास की काली क्या ऐसी ही होगी
जैसे कि परमहंस की काली
ठाकुर बाड़े में टँगी?
उसने ही लिखवाई होगी यह
'कालिदास ग्रन्थावली'
चौखम्भा, सुरभारती, ग्रन्थमाला वाली
जिसकी टीका मुझको मथती है ऐसे?

संसार बरस रहा था मुझ पर

संसार बरस रहा था मुझ पर!
बरस रहे थे मेघ,
महानाद
बरस रहा था सृष्टि पर!
कनु पर और 'कनुप्रिया' पर,
'उर्वशी' पर और 'पद्मावत' पर!
बरसे मेघा झकोरि-झकोरि
मोर दुअ नयन चुअहिं जस ओरी!

धुल रहे थे अक्षर
टपक रहा था महाभाव मन में
जिसको कि माँ कहती थी
'अर्थगौरव'
मुझको 'पद्मावत' पढ़ाती हुई!

चमक रही थी शब्दों की 'बीजुरी'
मेरे भी मुख पर!
रत्नसेन की एक सेना-सी भीतर
घुमड़ रही थी
बादलों के ही समानान्तर!
लैम्पपोस्ट के नीचे
खिड़की के बाहर

एक धुँधली आकृति!
क्या वही?

असमंजस में खड़ी थीं
वे सारी दिशाएँ
कि भाग-दौड़ शुरू हो गई!
आया लकड़सुँघवा आपातकाल!
वह मेरे ही पड़ोस में अपनी मामी के घर धरा गया!

लियो जी तराज़ू तोल

उस रंग की चिड़िया
फिर मुझको आकाश में नहीं मिली,
न ही धरती पर
जो उसने मीसा से छूटकर उड़ाई थी
सारंग चिड़ीमार से एक
पिंजरा ख़रीदकर!
लेकिन जल्दी ही फिर
एक फ़ेक एनकाउंटर में
वह ख़ुद भी दूर उड़ गया,
अरे वही—
जो कि अजब ढंग से मुझको
ज़िन्दगी-भर ही पुकारता रहा
बदल-बदलकर भेष अपना :
कभी-कभी तो एक कबाड़ी की लय में
गलियों से आवाज़ देता है अब भी
और इस देह का कबाड़ सँभालती हुई
आ जाती हूँ जब दरवाज़े तक
पूछती है मीरा रानी—
"लियो जी तराज़ू तोल?"

दीया-बाती की घड़ी

कभी-कभी
दीया-बाती की घड़ी
'पुहू-पुक', 'पुहू-पुक' में
आटा-चक्की की,
लगता है कि वो ही चिड़िया मुझको
फिर से पुकार रही है
'जोई-सोई' कुछ-कुछ गाती हुई!

आज तलक जब मेरे डैने थकते हैं,
और दुनिया लगने लगती है भारी,
उन पंखों के रोएँ ही मुझमें
एक नया स्पन्दन भरते हैं,
भर जाती है मेरी छाती
बेतिया के
ख़ूब पके हुए
उन्हीं सुनहरे जर्दा आमों की मादक गमक से।

यही एक बात मुझे ठीक पता थी,
उसकी ममेरी बहन ने बताई थी,
वह इन आमों का दीवाना था,
एक बार उसने अपनी बहन से कहा था—
"माँ ने जो भेजी है झाँपी

आमों की,
उनमें से कुछ आम तू क्यों नहीं
गुलमोहर के पेड़ वाले घर में भी दे आती...
कोई वहाँ से तेरे स्कूल भी तो जाती है
क्या वह तेरी अच्छी साथी है?"

गगन में गैब निसान

स्कूल के ही पिछवाड़े नो
आज तक खड़ी हूँ,
पर इमारत धसक गई है,
दरवाज़े टूट गए हैं,
हहा-हहाकर बहती है
उससे पुरवैया—
लाल दुपट्टा वह
गले में पड़ा
उड़ा जा रहा है
गैब निसानां-सा—
'गगन में गैब निसान उरै' की लय में!
आज तलक हिम्मत नहीं होती
सुबह-सुबह अख़बार पढ़ने की!
हर फ़ेक एन्काउंटर में
मारा जाता है वही!
और पसर जाती है चित्त पर
एक विकल वैधव्य की सी सफ़ेदी!

अनुत्तरित प्रेम

रिक्शे पर गुल्ली से फेंका गया प्रेमपत्र

एक चिट्ठी
जो सदियों तक
दबी रह गई!
पढ़ी न गई,
आज उसका लिफ़ाफ़ा खुला!
कुछ शब्द काँपे,
कुछ भुरभुरे अक्षर
घुटने पकड़कर उठे!
चारों तरफ़ शून्य था
और सफ़ेदी थी
एक गहरी धुन्ध की!
दूर एक तारा
दमकता था :
ईश्वर की बीड़ी की नोक-सा!
क्या सृष्टि भी एक
प्रेमपत्र की तरह
रिक्शे पर गुल्ली से
फेंकी गई थी?

अन्या

क्या तुम उस लड़के से मिले हो—
गाँव के एस टी डी बूथ में
बरसों से निष्प्राण झूल रहे
टेलीफ़ोन की चुप्पी
एकदम थकी बैठी है उसके
कत्थई होंठों पर,
होंठ जो कि सदियों से चूमे ही नहीं गए,
जिनकी सफ़ेद-स्याह पपड़ियों पर
उँगली घुमाती है यों ही
खोई-खोई सी
गुमसुम हवा!
वह उसकी चिरसंगिनी है!

जब वह धुआँता है,
आधी ही पीकर बुझा दी गई
सिगरेट के छल्लों-सा,
कभी-कभी घबराकर मुँह फेर लेती है,
पर साथ नहीं छोड़ती
ये लजीली हवा
कभी-कभी जब धुकधुकाकर भगा ही देता है,
पेड़ों की ओट में टहलती है
आस-पास ही!

कभी कुछ नहीं बोलता वह किसी से,
लेकिन उसे ख़ूब अच्छा घुड़कता है
और वह चली जाती है ओट में पेड़ों की
तो उसे ढूँढ़ता भी है बेचैनी से इधर-उधर
देख लेता है जब—
वह खड़ी है वहीं—
धम्म बैठ जाता है फिर से
धुआँता हुआ!
चिरसंगिनी यह हवा भी नहीं जानती—
किन सोचों में रहता है इन दिनों,
क्या ख़ुफ़िया
कार्रवाई चल रही है
उसके भीतर!

लगातार ही उसने जोहा है मुँह उसका,
यह बात किसी स्वस्थ रिश्ते की ख़ातिर
अच्छी नहीं है
पर वह उसका ग़ुस्सा ठीक से समझती है—
उसके कन्धे दुख गए हैं
कायनात की गठरी
उठाते-उठाते,
वह सबका बोझा उठाता है
और पास उसके सुस्ताता है!
भरपूर मेहनत के बाद
किसी बड़े पेड़ के नीचे
सुस्ताता हुआ आदमी
दुनिया का सबसे सुन्दर आदमी
तो होता ही है!

हवा नहीं जानेगी
तो कौन जानेगा—
उसके पसीने की धार में
चिनाब की सी चमक है
और उखड़ी साँसों में उसकी
फागुन की हल्की खुनक!
उसकी आँखों में तड़प उठती हैं सौ बिजलियाँ
जब गहरे गोता लगाती हैं
उसकी बाँहों की मछलियाँ!
उसके भीतर का मछुवारा
कुछ जल्दी में है—
जंजाल जल्दी समेटे और घर जाए,
उसका घर उस पगली लड़की के दिल में है
जिसको वह उस पार ही छोड़ आया था
और बढ़ आया था एकदम अकेले
कुछ कर गुज़रने की धुन में!

हवा जानती है सब,
फिर भी लगी रहती है पीछे
और पास आ बैठती भी है धीरे से—
तालाब के पानी में पाँव गोते हुए
जब वह चुपचाप देखता है
दूर क्षितिज की तरफ़
जहाँ उसके नाम का एक तारा भी है—
सोच में डूबे हुए
किसी कारीगर की बीड़ी की
नोक-सा
धुकधुकाता हुआ।

बारहवीं का प्रेमी-1

मैं एक पवित्र घाव में रहता हूँ,
ख़ुद में ही सिमटा हुआ!
अपनी सरहद मैं कभी भी
नहीं लाँघता!
अम्मा के
तावीज़ों के भीतर रहता हूँ
नन्हीं दुआ-सा
और अँगूठी के झिलमिल नगीनों में
नक्षत्र अँकवारता!
हाँ, एक पवित्र घाव में रहता हूँ
कभी-कभी जो टीसता है
ज़रा-ज़रा-सा
जब बहती है
फागुन में
उल्टी हवा!

बारहवीं का प्रेमी-2

जो अब तक नहीं मैं
करा पाया टॉप-अप,
ज़िन्दगी है वो मोबाइल।
यह दरअसल मेरी है भी नहीं, उधार की है।
एक-दो बार जो बजा मीठी धुन में
वही प्यार था शायद
पर उसका प्रत्युत्तर
दे पाता तो कहता क्या—
यह मैं नहीं जानता!

सिनेमाघरों के अँधेरे
चुपचाप रोने और हँसने की
अच्छी जगह हैं
जैसे कि पब्लिक लाइब्रेरी के ख़ुशदम उजाले
धूल-धूप-अन्धड़ और तानों से
बचने के!

अँधेरे-उजाले के बीच कहीं कौंधी जो
क्या वो ही थी मेरी
स्वप्न-सुन्दरी?
उसे देखने के पहले मैं
कहाँ जानता था

कि बादल मेरे रिश्तेदार हैं
और चाँद-तारे पड़ोसी!
एक दिन क्या सचमुच आएगी
मेरी तलहथियों पर सर रखकर
रोने वो?

भूख देह की आँख है—
उसको बहुत दीखता है,
ज़रूरत से ज़्यादा!
छन-छन छनकती
इस भूख से मैं परेशान हूँ, बाबा!
आख़िर कब तक सब-कुछ
ठीक-ठाक हो पाएगा!

ये लो, फिर से उठ गई हिचकी,
क्या किसी ने मुझको याद किया?

मानिनी

मैंने पानी पिया चार बार, पैंतीस बार घड़ी देखी,
सत्रह दफ़ा खिड़की!
पूरा घर साफ़ किया सातेक बार, फ़ोन मगर नहीं किया।

स्कूल की प्रार्थनाओं से लेकर
'विनयपत्रिका' तक की कई प्रार्थनाएँ
मन-ही-मन दोहराईं,
तैंतीस बार पोंछी लालटेन, फ़ोन नहीं किया!

चप्पल पहनी-खोली-पहनी, पर गई नहीं, नहीं गई।
फिर अचानक याद आया,
कहते थे बाबा—
'दुविधा हो, खाऊँ कि नहीं,
कभी मत खाओ,
जाऊँ कि नहीं
तो जाओ ज़रूर!'
एक बार होने-होने को हुई
बाबा की आज्ञाकारी पोती,
लेकिन फिर बाबा को समझा दिया
और बैठी रह गई
मारकर आलथी-पालथी!

छींके पर टँगा हुआ है मेरा मन वैसे,
और जानती हूँ मैं ये भी
कि बिल्ली के भाग से छींका नहीं टूटता,
फिर भी तो देख रही हूँ छींके की ओर
मैं एकटक
बाल-पोथी, भाग दो-वाली
मानो बिल्ली बनकर!

प्रेम स्मृतियों में : द्वार खड़ा एक जोगी

कातिक

शुरू हो गया होगा सोनपुर में
कातिक का मेला!
'का हो, का गोदना गोदाई',
पूछ रहे होंगे
मेलाघुमनियों से
उनके साईं,
तरह-तरह के गोदने
उन दिनों थे फ़ैशन में
जो भी बिछड़ जाता था
कातिक मेले में
अपनों से—
गोदने दिखाता हुआ लौटता था घर
कोई पूछे कि हो किसकी लुगाई
तो फट से हाथ दिखाओ और छुट्टी—
बोलना भी न पड़े!

तरह-तरह के गोदने
तरह-तरह के हाथों पर गुदे
गिरमिटिया दस्तों में
कहाँ-कहाँ तक गए!

किसी और के जुर्म में
जेल काटने को लाचार
एक बेकसूर आदमी
एकटक देखे चला जाता है
उस अपने 'सियाराम' को
जो उसके हाथ पर गुदे हैं।

चाँद ने गुदवाए थे गोदने
रात के नाम के
सी-सी करते हुए।

धरती पर स्वस्तिक का गोदते हुए गोदना
हिटलर जब ज़ोर से हँसा था,
ख़ून की नदी बह गई थी
धरती की दूध-भरी छातियों से!

छोटा-सा एक फूल
गुदवाया था मेरी नानी ने
कि नाना जब लौटेंगे युद्ध से—वो दिखाएगी!
पर नाना लौटे कहाँ!
प्रेम की सारी अधूरी कहानियाँ
हैं दरअसल गोदना
युद्ध-क्लान्त इतिहास की छाती पर
जमकर गोदा हुआ!
जब भी चलती है कातिक में हवा
कनकनानती हुई,
पूछती है मुझसे मुहल्ले की लड़की

एक ढेर कपड़े पछीटती हुई—
ऐ काकी, क्यों है नदी इतनी ठंडी—
क्या बर्फ़ से इसने प्यार किया था कभी?

दराज

क्या हूँ मैं और कौन हूँ?
एक अधखुला-सा दराज
अपनी ही मेज़ से आधा बहिष्कृत,
तिरछा होकर आधा लटका,
यों ही
अधर में कहीं!
कुछ अधलिखे प्रेमपत्र
धरे हुए हैं मुझमें सदियों से!
क्या जाने कौन यहाँ रख इनको भूल गया!
कभी-कभी काँपते हैं इनके अक्षर!
एक सुनहरी ऐनक धुँधला रही है
पलटी हुई इनके ऊपर!
कभी-कभी बिजली तड़कती है
तो इन पत्रों पर पल्टी पड़ी
ऐनक की आँखों में
छा जाती है कुछ नमी।

अनन्त की तरफ़

वो जो एक भुतही कोठी थी
शहर के मुहाने पर,
हाथियों के पाँव जैसे
थे उसके खम्बे
बरसाती झोंकों से उन्मत्त
धीरे-धीरे थरथराते थे
ऐसे मौसम में
और चरमराते थे दरवाज़े।

ये जो नसों का जंजाल
पसरा पड़ा था मेरे भीतर
दीमकों की बाँबियों-सा सिहरता था,
जग जाती थी गुदगुदी इसमें
अव्यक्त बूँदों से लदी हुई
ये जो हवा चलती थी ऐसे
आषाढ़ में!

तिरहुतिया दुलार

यह एक प्रेमकथा है
जूठन खाने के सोहाग से भरी!
'सोहाग'
जिसका कि कोहबर रचा जाता था
गोबर से दीवार पर—
'जैसे गंग-जमुन धारा,
अमर रहे सोहाग तुम्हारा!'
दिन-दिन-भर
कड़ी धूप में बैठकर
पाड़ती जो तिलौड़ियाँ—
वे लड़कियाँ
सपने में भी ये नहीं सोच पातीं कि
उनकी थाल पर कभी बरसेगा ये सुहाग
मुखसुख का,
उनके भी हिस्से आएँगी किसी शाम तिल की लड़ियाँ या फुलुकबड़ियाँ!

पर फूफाजी एक थे
जिनको फुआ से
इतना था प्रेम
कि अपनी थाली में
भरपूर डलवाते

सबकुछ
जो था मेरी फुआ को पसन्द
तिलौड़ी-फुलौरी,
चक्का-बचका।
बस छूकर ही छोड़ देते वे
ज़्यादातर चीज़ें यह सोचते हुए
कि आख़िर उनकी थाली में का बचा हुआ
उनकी ही पत्नी की
थाली में जाएगा,
और भला कौन उनका जूठन खाएगा!
यह उनका 'आइ लव यू' ही था
उस युग में
जब कि लोग
बुज़ुर्गों के सामने
अपना बच्चा भी कभी
उठाते नहीं गोद में,
और पत्नी का श्रीमुख भी
नहीं देखते दिन-दहाड़े!

जो बीड़ी पीते,
वे रात को देख भी लेते
पत्नी का मुखड़ा
माचिस जलाके,
पर जिनके पल्ले माचिस नहीं होती,
वे भूल ही जाते
कि किस को देखा था
एक झलक
कोहबर में!

और फिर इसी तरह
प्रकारान्तर से
बढ़ी जाती
उनकी यह प्रेमकथा
जैसे कि गंग-जमुन जलधारा
दूर कहीं—
आँचल में जूठे वे दोने अँकवारती हुई!

बंगाल का काला जादू

'रेलिया न बैरी, जहजिया न बैरी,
बैरी नोकरिया हो राम'
—देखा है औरतों को गाते बिरहा के गीत,
कोसते हुए सौतन-बैरन नौकरियों को
जिनके चक्कर में पियाओं को गौने के बाद ही
चले जाना होता था कलकत्ता,
रंगून,
कारू-कामाख्या!

टुकुर-टुकुर रस्ता निहारती,
कौए से कभी, कभी राही-बटोही से
पूछती फिरती थीं
आठ से साठ बरस तक की
बिरहिनें
कि पिऊ उनके मिले तो नहीं बाट में!
बेचारे राही-बटोही भी क्या जानते होंगे
कौन पिऊ हैं उनके,
वे तो ख़ुद ही होते होंगे किसी के
बिछुड़े पिऊ!

पर फिर भी जैसे बहला देती थी
सीता को त्रिजटा,

कुछ भी बहाने बनाकर,
वे कुछ तो कह ही देते होंगे ऐसा
जिससे कि धीरज बँधे!

बंगाल के काले जादू की चर्चा तो
आपने भी सुनी ही होगी!
गोपीचन्द की जो वो लोककथा गाते हैं जोगी,
उसमें बंगाल की ही तो हैं सातों जादूगरनियाँ
जो करती हैं वाक् युद्ध
सिद्ध जोगियों से,
देती हैं उनको जवाब
तुर्की-ब-तुर्की
और पलट देती हैं पाँसा!

तेलिन, धोबिन, काछिन, भटियारिन,
भिश्तिन, चमारिन और डोमिन—
सात प्रगल्भा नायिकाएँ
किसी से नहीं डरतीं
और भाषिक व्यंजना ही है उनका हथियार,
सधे हुए वे वाक्य ही तो हैं उनका
तीर, तमंचा, भाला, बर्छी, तलवार—
जिनसे बिंधता है हृदय सीधा,
एक बूँद ख़ून नहीं बहता!
बहते हैं बस आँसू—
मिट्टी पर गिरकर जो बन जाते हैं चमचम आईना।

प्रतिपक्षी की चुँधिया जाती हैं आँखें
और फिर जब खुलती हैं—
तो उनमें दीखती है उनको

अपनी ऐसी सूरत
कि वे डर जाते हैं अपने से!
भाषा ही वह काला जादू है
जो आपको आपके
अपने चेहरे से डरा सकता है—
यह हमने जाना था
बंगाल की उन जादूगरनियों से
जिनकी विद्या काली विद्या ही कही गई
क्योंकि था भाषा का वैभव वहाँ!

उनसे बहुत ज़्यादा डरती थीं सब बिरहिनें
कि जिनने पोस लिया
सुग्गा बनाके
जालंधर बाबा को,
बबुआ के बाबू को पोस नहीं ले कहीं!
उनके बारे में ही रह-रहकर होते थे
उनको अन्देसे
कि भेड़-बकरी बनाकर
पोस ही लिया होगा
उनके पियाओं को,
तब ही वे कभी नहीं लौटे!

बंगालिनें अब तक हमारी तरफ़
कहलाती हैं जादूगरनी कि
उनकी उन मदमस्त आँखों में
भाषा की पाँखें खुल जाने का सन्तोष
सम्मोहन बनकर खिल जाता है
और जो भी पास जाता है—
जीव-जन्तु और पंछी-पुरुख—

‘आमी तोमाके भालोबाशी’ वाले
चक्कर में पड़ जाता है!

इस डर का ही
पुनर्जन्म है यह सवाल
जो पूछती है बिरहिनी अब
मुन्नी मोबाइल पर अपने पिया से—
“कैसे हैं?” के पहले “कहाँ हैं, जनाब?”

कोहबर

यहाँ दूल्हा दुल्हन को
देखता है पहली दफ़ा :
तेल-सिन्दूर और काजल-पसीना,
सोना-चाँदी-लोहा-गोटा-नगीना,
नींद, भूख-प्यास और अपरिचय के बीच!

घर का सबसे छोटा कमरा—
गोबर और हल्दी से पुता—
पउती और बक्सों, ठहाकों और शिकवों से ठुँसा हुआ—
गेंदे की बासी मालाओं की
अजब गन्ध से अकबकाकर
कहता है—

"कैसी ज़िम्मेदारी दुनिया ने
लाद दी है मेरे सिर पर!
कैसे मैं बन जाऊँ पंचवटी/
मिलन-कुञ्ज/जमुनाजी का किनारा?
खर्चे-बर्चे का हिसाब अभी बाक़ी है,
बाक़ी है हलवाई और टेंट हाउस की रुख़सती!
अंट-शंट सूझ रही है सबको,
मरने की फ़ुर्सत भी मुझे नहीं!"

वृद्धा विरहिणी की चिट्ठी

आधी रात पसलियों के फिर डंक खुले हैं,
लोढ़ी गाने दूर देश से आए हैं बंजारे।
मेरी रेवड़ियाँ लेकर तू आएगा?
एक बार, बस एक बार
जीवन-भर से छुट्टी लेगा तू?
मुए, निगोड़े, पकी उमर में क्या मुझसे कुट्टी लेगा तू?

यादें

जीवन की आपाधापी में कभी-कभी तो आती होंगी,
यादें मेरी बिन मौसम की बदली-सी छा जाती होंगी!
लोगों के षड्यंत्र झेलते, क़िस्मत से शतरंज खेलते
यार-दोस्तों के बच्चों-सा धीरे हाथ मिलाती होंगी!
तरह-तरह के भोग घेर लें, सब अच्छे संयोग घेर लें—
चाहे कितने लोग घेर लें, गुपचुप पाँव दबाती होंगी!
सीपी-सी आँखें झपकाकर, ख़ुद को बहुत अकेला पाकर
जब सागर हो जाते होंगे—मछली-सी तिर आती होंगी!
यादें हैं नवनीत अगर तो, बाक़ी छाछ अतीत अगर तो
जब भी मथता होगा मन, तब ही धीरे उठ आती होंगी!
कितने ही निर्णय बदलेंगे, भय सारे जय में बदलेंगे—
तन धरती, मन अम्बर रखना—इतना तो समझाती होंगी!
सब अपने में मस्त-व्यस्त हैं, बस अपने नक्षत्र अस्त हैं—
पर कितनी अन्धी रातें हों—हँसकर दीप जलाती होंगी।
क्या पूछें हम हाल तुम्हारा—ख़ुद को देखेंगे दोबारा,
टूटा दर्पण, चिकना चेहरा छूकर नयन झुकाती होंगी।

इन्तज़ार

इन्तज़ार करता है आदमी, जाँ निसार करता है आदमी,
कितने ही मोर्चे सँभालकर एक प्यार करता है आदमी!
इच्छाओं से होता युद्ध कभी, होती है दुनिया ही क्रुद्ध कभी
अपना मन भी उलझा करता है, पर किससे डरता है आदमी!
आँखों पर चढ़ता है आदमी, आँखों से गिरता है आदमी;
आँखों से आँखों के रास्ते आगे ही बढ़ता है आदमी।
धुन हर पल एक ही नचाती है, सब बातें उससे जुड़ जाती हैं,
सब गलियाँ उसके घर जाती हैं—बूँद-बूँद भरता है आदमी!
कितना भी बाँधे रहे ख़ुद को—होता है पल लेकिन कोई तो—
कितने भी पागल हों सपने, पर ऐतबार करता है आदमी!

पुराने प्रेमी का सन्देश

अब भी तो तुम मिल
जाते हो छठे-चौमासे—
जितनी देर रहा करते हो,
बस उपदेश दिया करते हो :

"तन्मयता से सेवा करना,
मुझसे जैसे लड़ लेती थी—
देखो, उनसे कभी न लड़ना।
कभी ज़रूरत हो कोई तो
नम्बर रख लो, कह-भर देना,
कभी आज़मा लेना मुझको,
कभी अरे हाँ, अवसर देना।
चाँद-सितारे तोड़ तुम्हारे
आगे अब भी रख देने की
साध जगा करती है मन में।
कभी-कभी तो उठ जाता हूँ
बिस्तर से मैं झटका देकर,
कुर्सी सीधी कर लेता हूँ
या फिर बड़े-बड़े पग रखकर
आ जाता हूँ जल्दी दफ़्तर,
भूतों-सा मैं खट लेता हूँ,

ध्यान तुम्हारा आए जैसे,
जल्दी से करवट लेता हूँ।
डिस्प्रिन अक्सर खाता हूँ पर
हँसता हूँ मैं बिलकुल खुलकर
मैंने जीना सीख लिया है—
कार्नेगी की पुस्तक पढ़कर
हँसती हो?
यह हँसी तुम्हारी मुझे बना देती है जोकर,
जी कहता है—कलाबाजियाँ
और दिखाऊँ तनकर-झुककर।
हँसना-हँसना,
हरदम हँसना,
कसना-कसना
ख़ुद को कसना,
मगर किसी पर ग़ुस्सा हो तो,
मुझ पर ही तुम सिर्फ़ बरसना,
इतना हक़ मेरा रहने दो,
ग़ुस्सा तो मुझको सहने दो
तन्मयता से सेवा करना—
जैसे मुझसे लड़ लेती थी—
देखो, उनसे कभी न लड़ना।"

एक दिन

एक दिन—
गर्मी की चढ़ती दोपहरी में—
चट्टानों के तलवे बहुत गरम होंगे जब—
एकदम चली आऊँगी पास तुम्हारे
और चकित होते रहना तुम कि ये क्या है!
लू का समुद्र-सा सुभाव है—पता है—
कब क्या ला पटकेगी दरवाज़े—
        कोई नहीं जानता।

सूखे हुए पत्ते, फेंकी हुई चिट्ठी,
चिड़िया के पंख-वंख में लिपटी,
लू की धमक चीरती-फाड़ती
मैं जो आ जाऊँगी पास तुम्हारे
तो कैसा लगेगा तुम्हें?

        कैसा लगेगा तुम्हें जब
        कलियों-सा खुल जाएगा
        अपना सारा रहस्य एकदम से!
        धरती में जड़ों की तरह
        फैल जाएँगी बातें!
        हाथ बढ़ा

मिट्टी के भीतर छुएँगी
एक-दूसरे के कन्धे और बोलेंगी धीरे से—
होता है, होता है कभी-कभी ऐसा भी!

होना-न होना

तुम नहीं थे तो पानी
बहुत तंग करता था।

सब्ज़ी कतरते समय
इधर-उधर जो भी
उँगली कट जाती थी—
उसमें बना लेता था अपनी राह,
        बिसबिसाता था
और ख़ून कर देता था बिलकुल ठंडा, सफ़ेद।
चमड़ी का पूरा नमक,
सारा शहद—तालू के नीचे का—
धीरे-धीरे घोल लेने को तैयार—
पानी था या थी वह धार समय की—
चाक़ू से भी तीखी?

तुम नहीं थे तो आग
बहुत तंग करती थी।
फ़ॉस्फ़ोरस के छोटे-छोटे टुकड़े
छाती में, नाभि में, आँखों में
बिना बात सुलगा करते थे
जैसे कि मरघट में जुगनू कि
        सिरकट्टे भूत!

तुम नहीं थे तो हवा
कर देती थी मुझको एकदम तबाह।
दुनिया की सारी कविताएँ ओढ़कर
मैं ठंडे बिस्तर पर जाती थी सोने तो
जाने कहाँ से
काली छिपकली की तरह
सरक आती थी पाँव पर
और भर रात किया करती थी किटिर-किटिर!

तुम नहीं थे तो धूप
देहाती औरतों की गरम-गरम गपशप-सी
भर जाती थी मेरे कानों में।

तुम नहीं थे
    लेकिन कब तुम नहीं थे?
    किस मिनट?
    मुझे कविता लिखने की फ़ुर्सत
    आख़िर मिली कैसे
    और मिली क्यों?
तब तुम नहीं थे तो अभी कौन-से
    बैठे हो पास मेरे,
    तुम अभी भी नहीं हो,
    तुम कभी भी नहीं होगे
    तुम होगे हमेशा इसी से कि
    कभी नहीं होगे
    और धूप-हवा-मिट्टी-आग-पानी
    और मौसम
    पीछे हमेशा ही पड़े रहेंगे मेरे
    जैसे पत्थर चौराहे की पगली के पीछे।

धीरज

सहिए कि
सहने से
मज़बूत पंख और पहिए
निकल आते हैं
ठस्स इरादों के भी।
सहिए कि
सहना प्रतीक्षा है
सही समय की,
सहने से धरती में छुपी हुई
खानों का धीरज
यक-ब-यक लेता है करवट
और चटक जाती हैं चट्टानें
धमनियों के भीतर!
देर तलक हिलता है
गरम-गरम लावा
भर देता है हर खाँच
और एक हरी-लाल पत्ती
टहनी पर बस जाती है अपना ठिकाना टटोलती
चिड़िया की आँख में।

हूँ न

'हूँ न—मैं हूँ'—
धीरे-से इतना बस
थकी हुई चिड़िया से कहता है
पानी में फूला हुआ दाना,
खम्भों से नींव का पत्थर,
खिड़की दीवारों से,
तुमसे मैं, मुझसे तुम,
बालू से बदली, आग से पतीली
कुछ भी नहीं कहती इसके सिवा
कि हूँ, मैं हूँ न!

जब कहीं कोई नहीं होता
किसी के भी पास,
और आदमी होता है
माँद में पड़ी सूखी हड्डी-सा
बिलकुल अकेला—
क्या जाने कहाँ से चला आता है
और चुकू-मुकू बैठ जाता है सटकर
यह 'हूँ न'।

क्या आपने उसको देखा है छूकर
दुनिया की सारी भाषाएँ,

सारी भाषाओं के बीजाक्षर
क्या सिर्फ़ यही नहीं कि मैं हूँ—मैं हूँ न—
अपने भी पार!

पानी

एक ठंडे चश्मे के नमकीन पानी में
पैर रोपकर
दो काली चट्टानें
अभी तलक बैठी कहीं होंगी—
शायद वही सुन लें,
इसीलिए कहती हूँ।

वैसे, बच्चा सो गया है,
और मुझे कुछ भी किसी से
कहने की ज़रूरत नहीं,
ज़रूरत की सरहद के पार के घने वन की
एक कहानी कहने का
मन होता है फिर भी
क्या जाने इससे ही नींद चली आए,
चरर-मरर चौकी कुछ चुप हो ले।

चूहे-चुनमुन, तिलचट्टे, मेढक के बच्चे,
छिपकलियाँ, चींटियाँ कि घुन चावल के
बैठे हैं तैनात हर ओर—
दुनिया फ़तह करते सिकन्दर हों जैसे
या कि शिकारी दुष्यन्त—

हैं, हैं ही, ये सब हैं—
कहाँ है अकेलापन, कहाँ भला?
इतनी आबादी है, पूरा सिलसिला
जागरण का
या लबालब जीवन का?
कुल्हिया अपनी
ख़ाली है आज तो भी क्या

कम-से-कम कल तो कुछ पानी मिलेगा!
ठोंक-पीट नलके की जारी है,
पानी की पूरी तैयारी है—
सिर्फ़ नहीं तय तो बस इतना ही—
रखना है पानी या चखना है
पानी उतरने का स्वाद?

सन्नाटे के इतने बड़े-बड़े मटकों में
पानी नहीं है तो यह क्या है?
क्या है जो अभी-अभी आँखों से चुआ है?
चुआ नहीं लेकिन चूने को था,
हुआ नहीं पर कुछ होने को था,
कहता है काकातुआ
जो पैर में बाँधे धागा,
कमरे में ऊँचा उड़ता है!

क़िस्सा है इतना कि पानी था—
चेहरों पर, आँखों में, डोलों में, बोलों में—
उम्मीदों पर लेकिन फिरा नहीं था,
पानी जो मिल-जुलकर रहता था

अदहन में चावल से,
तरबूज-खीरे में बीजों से,
लोई में आटे से, कूची में रंगों से;
खिचड़ी में इकड़ी,
गारे में मिट्टी,
बातों में बतरस
और धुएँ में आग से झुककर
गले-गले मिलता था,
कभी-कभी हिलता था
किसी झील-मन में
ज़रूरत की सरहद के पार के
घने वन में!

द्वार खड़ा एक जोगी

हमें एक ज़िद-सी थी
जोगी से ही लौ लगाने की
हालाँकि लड़कियाँ तमाम ठेल दी जाती थीं,
घर के अन्दर
जब जोगी को घेरकर
बैठती थीं उनकी माँएँ
सखा भाव से अपने जीवन के
दुख-सुख बतियातीं
और यशोदा भाव से
जोई सोई कुछ गाती हुईं।

भरपेट भात जीमकर
जब वे चले जाते
आशीष लुटाते हुए,
दूर क्षितिज तक लहराता
उनका वह जोगिया चीवर
देर तलक हम सोचते—
क्या मज़े का जीवन—
लगातार सरहदें फलाँगता हुआ!

बाढ़ के दिनों में भी आते संन्यासी
रामकृष्ण आश्रम से

और एक निरपेक्ष ममता से
सबको सँभालते!

वे एक दूसरी तरह के जोगी थे
जो किसी से कभी कुछ भी नहीं माँगते थे,
पर अब तो डर लगता है जोगियों से,
जो घेरों में बाँट देते हैं न्यास,
यह कैसा आक्रामक, छलिया संन्यास!

जोगी जो हमें चाहिए—
उसका कमरा है
बिजली की एक धमक
जो बादलों के टकराने से
बनती है,
नारंगी फूलों में हँसता है वो,
हरसिंगार में रोता है
रहता है जो पत्तों की माँद में,
शिव-सा क़िस्सागो,
और कवि ईसा-सा!
पैग़म्बर-सा फ़ना,
अपरम्पार!

सबसे कठिन युद्ध है
जीतना ख़ुद को,
जानता है जो, वो महावीर हमारे लिए,
बुद्ध-सम्बुद्ध वही,
नानक वही है विराट।
प्यासा है गर्भ अब धरा का
इनके ही पुंसत्व का,

बाक़ी तो बाल-बुतरू हैं धरा के लिए—
अकेला बड़ा करना ही है जिन्हें
उस औरत के धीरज से
जिसका पुरुख जाने कब लौटेगा
वापस
परदेश से!

सच पूछिए
तो क्या पुरुख
और क्या औरत—
ब्याहा जाता है वह
धुर बचपन में ही अनन्त से,
क़िस्सों की झिलमिल गढ़न्त से,
और फिर कंत अनन्त चला जाता है
दूर परदेस कमाने
बाद उसके जो भी
आता है जीवन में
एक व्यतिक्रम की तरह ही
उसे टालते जाते हैं हम सब
उस मौन धीरज से
जिससे कि टाला था पेनेलोपे ने
क्यू में लगे प्रेमियों को
ऑडीसियस के घर लौट आने तक!

एक पेनेलोपे है हम सबके भीतर—
दिन में हम जो बनाते हैं,
वो ही देते हैं उधेड़ रात को मशालों के साए में,
इस उधेड़बुन में ही कटती है
ज़िन्दगी हमारी!

शायद ही लौटता है कोई
ऑडीसियस,
पर टिकटिक करती ही रहती है
एक व्याकुल-सी प्रतीक्षा
अनन्त की
भीतर हमारे!

धनकटनी

(वररुचि को समर्पित)

धान के बिछुड़ने के भय से
खेत का पानी भी
        दुर्बल हुआ जा रहा है!
देखो, कैसे सर झुकाए खड़ी हैं
        धान की पकी बालियाँ :
जन्म से मेरे ही साथ बढ़ा
        और सम्पन्न हुआ
        पानी अब कहाँ जा रहा है?
धान काटनेवाला हँसिया भी
        गमछे में मुँह छुपाए बैठा है, देखो!
विदा की घड़ी
        अपनी दुल्हन को
अपनों से लिपट-लिपट कर रोते
        देखते हुए
ख़ुद भी रुआँसा हो जाता है जो—
उस दयालु दूल्हे की आँखों-सी नम हैं
        आँखें इस हँसिया की।

लेडीज़ संगीत

वे नाच रही हैं दनादन—
ढोलकों की थाप पर।

बेगानी शादी में अब्दुल्ला दीवाना
हुआ कि नहीं—मैं नहीं जानती,
अलग-अलग दुखों की टोकरी उठाए
लेकिन ये दीवानियाँ नाच रही हैं दे-दे ताली
जैसे कि क्या जाने किस धुन में
            लगातार नाचती है धरती,
धरती की तरह मगर इनका
            तय नहीं है कोई ग्रहपथ
और वे हँसती हुईं-सी
            एक-दूसरे से हैं
            बार-बार टकरातीं!

सब बोलते हैं पर कोई किसी की नहीं सुनता,
शादी के घर की है शायद यही एक परिभाषा!
और प्रेम की? शादी की?
            सोच में पड़ी है दुल्हन रानी—
"क्या प्रेम में पड़ना खटाई में पड़ना है, अम्मा?
जो मुझसे प्रेम करेगा—
रात-दिन क्या मेरा मुँह देखेगा?

या मुझको ही देखना होगा टुकुर-टुकुर
उसका अख़बार
जिससे वह मुँह ढाँपकर
बैठ जाएगा जब-तब
        ग़ुस्से से बिदकता हुआ?
क्या प्रेम में पड़ना खटाई में पड़ना है, अम्मा?
जो मुझे प्रेम करेगा—
        मेरी ही शान में क़सीदे पढ़ेगा
या उसके भी दो-दो चश्मे हो जाएँगे—
एक घर का, एक बाहर का—
घर के लिए दोषढूँढ़न चश्मा
और दूसरी औरतों की ख़ातिर
        ऐनक वह रंगीन—
        आँखों से ही राल टपका देनेवाली?

"क्या प्रेम में पड़ना खटाई में पड़ना है, अम्मा?
जो मुझसे प्रेम करेगा—
क्या मुझको ले देगा वह उड़नखटोला
या बहला-फुसलाकर
ये मेरे बचे-खुचे पंख भी
खचाक् नोच लेगा?
ढाई आखर प्रेम के—
ढाई आखर
ढरक रहा है मेरे जीवन में
ढकिया-भर ढ-ढ-ढ
ढाढ़स और ढकोसला—
ढ से ढाई,
ढ से ढोल, ढक, ढिठाई,

ढाँक-तोप भी और ढिंढोरा भी
ढाक के वही तीन पात,
ढोल वही गले में पड़ा ढमक-ढम ढम ढम ढम...

"तुम्हारा भी अम्मा—
इतना ही बस रहा जीवन
ख़ाली घर-सा दनदनाता हुआ
'ढ' से ढाई,
'ढ' से ढोल-ढक-ढिठाई
और मूलत: 'ढ' से ढोना-ढोना, केवल ढोना
इसीलिए तो, अम्मा,
दूर की ढोलकिया
लगती नहीं मुझको
सुहावन-वुहावन।"

पिया मोर बालक

पिया मोर बालक

जब देखती हूँ मैं तुम्हारी तरफ़
मेरी नसों में दूध उतर आता है
और प्रिय विद्यापति की वह नायिका
अपनी बाँहों में जकड़ लेती है मुझको
जो पिता से भी चुटकी ले लेने का
जिगरा रखती थी :
"पुण्य जो कमाया कन्यादान का
तीन बरस का एक दूल्हा जुटाकर,
गोदान भी कर ही लेते!"
पालना था जिसको
गोद में उठाकर
तीन बरस के अपने दूल्हे को
उपालम्भ अपना बनाकर
उसने कहा था
ज़रा मुस्कुराकर—
"अपने ससुरजी से जाकर कहो,
इतना दिल
तो एक गैया भी देते,
उसका ही दूध पिलाकर
पाल लेती मैं तुम्हें
जैसे-तैसे!"

पंखुड़ी

तुम्हारी हंस-पर-सी तलहथी
की गोद में—
अलस क्षण की थपकियाँ मैं
ओढ़कर निश्चिन्त सोयी
गिलहरी हूँ, राम,
मेरी देह पर ये
सुनहरी-सी धारियाँ उग आई हैं जो,
सीता की किरणमयी माँग से झड़ी
सिन्दूर की हैं कणिकाएँ!
विजन वन में अचानक
पंखुड़ी ज्यों सिहर झड़ती है :
बहुत दिन रुक गए आँसू
अचानक बरस जाते हैं कभी
छिपते-छिपाते
काम की धुन में,
आशीष-सी ये कणिकाएँ झड़ी होंगी
कभी मुझ पर
सीतायित स्मृतियों से
राम की!

आँखें

आँखें तुम्हारी ज्यों
कुहरे का फटा, बन्द गला कोट पहने
सूरज लिये जाता हो घर
मदर डेयरी से थैलियाँ दूध की,
शहद
और
दोना!
खटतुरुस बब्बूगोशों का!

पेशानी

माथे पर धूप
लगाती है त्रिपुंड—
        बड़े पंडित हो—
कौन सबक़ सिखाने चले आए ब्रह्मर्षि
कुटिया का द्वार बिना खटकाए—
        सीधे—भीतर।

हँसी

हँसने पर बच्चों-सा खुल जाता मुख यह तुम्हारा
अजब है!
        फिर हँसना—
देखूँ, ये रग-रग में दमक रहीं रसभरियाँ
इसी लाल गुफा से गईं क्या?

होंठ

होंठ तुम्हारे
गोल कटा टुकड़ा स्पंज का!
सारा ही आलता पिए बैठे हैं मेरा
बिन्दी ये लगा देंगे तलवे पर—एक?

केश

सारे ही बाल उलटकर झाड़ते हो तो,
जाती हैं सब लहरें मुँह फेरे एकदम उधर—
और मैं अकेली इधर,
भँवर में ऊभ-चूभ!
नौकाएँ आँखों की भी
पूरब-पश्चिम ही
मेरा तट?

सख़्ती

घुड़कियाँ तुम्हारी
गँडेरियाँ गन्ने की!
कितनी भी सख़्ती दिखाए,
छिल जाती है
परत-दर-परत—
चम चम, टप-टप :
मेरे मुँह लगते ही!
मेरे मुँह में तुम्हारे मुँह का
स्वाद ज़रा-सा
रहता है हरदम!

धुकधुकी

गांधी पुल
गाँव से तुम्हारे चला था
तुम भी गांधी पुल हो—
शहर की
बीच छाती पर
उतरते हो—
बहुत आश्वस्त, सीधे,
धक-धक अपनी सारी
भीतर छुपाए!
इस धुकधुकी की
ख़ज़ांची मैं—
पुल के किनारे खड़ी
देखती हूँ तमाशा!

ऐसे झाँकी धूप

शिशु कोई रोता-रोता ज्यों सहसा ही मुस्का दे,
मृत-शंकित-सी तितली कोई पंख तनिक सिहरा दे,
निन्दा-निपुण मित्र की आँखें स्तुतियाँ बरसा दें,
सदा मौन मुख दादी माँ ज्यों मस्त कजरियाँ गा दे,
अपने हाथों लगी पौध में पहली पंखुड़ी फूटे,
पतझड़ की टहनी का अन्तिम पीला पत्ता टूटे।
बहुत दिनों के बाद सँवर माँ बिन्दी बड़ी लगाए,
बहुत गिड़गिड़ाने पर जैसे भूखा रोटी पाए,
कालकोठरी से मेघों की ऐसे झाँकी धूप,
अपने मानो दूर गाँव से पैदल मिलने आए।

टर्मिनल

तुम मेरी आत्मा के टर्मिनल की
पहली और आख़िरी ही
बस थे पर
तुममें इतनी ज़्यादा भीड़ थी—
भावों-तनावों की
कि मेरे पायदान से पाँव ही फिसल गए!

सुबह की चाँदनी

सुबह की चाँदनी हूँ,
बहुत फीकी हूँ,
तुम्हारी आत्मा मैली नहीं होगी,
अरे आकाश, मुझको घोल लो ख़ुद में
कि मैं बादल नहीं हूँ
जो बरसकर
किसी सागर के कलेजे में
छिपा ले सिर,
        मैं बरसकर भी धरा पर
        हूँ तुम्हारी ही अमानत—
        युगों से
        तुम मेरा घर हो,
        तुम्हीं से शुरू होना है,
        तुम्हीं में लौट आना है!
और कोई आश्रय हो ही नहीं सकता!

जानती हूँ, अँधेरा आँचल बिछाएगा,
तुम कहोगे—जाओ, उसकी उँगलियाँ लो थाम,
        रास्ता मैं साथ उसके काट दूँगी,
        जैसे सारी रात रोकर काटती है
        हरसिंगारी डाल :

फिर सुबह होगी
कि घर होगा
कि तुम होगे
और इन बेकार फेरों पर
धरा के
चढ़ा दूँगी चिटकनी—
तुमसे बिना पूछे!

ऋण-शोधन

ऋण-शोधन उस पार सही,
तुम धीरज रखना, मीत।
आनन-फानन दौड़-धूप में
दिन जाएँगे बीत!
        दिन जाएँगे बीत!
आँख का आँसू अमिय बनेगा,
        जो मयूर मेरा
बनकर फिर राजहंस चुग लेगा!
राजहंस चुग लेगा
मेरी गोदी का हर मोती
और चाँदनी की बदली
बरसेगी पद-रज धोती!
        रिमझिम पद-रज धोती!
        भीगेगा मैला आँचल भी,
        धीमी आग जलेगी,
        कुछ तपती-सी, कुछ शीतल भी!
तपती-सी, शीतल भी,
तुम सिहरोगे प्रस्वेदित-से
उमड़ोगे, ठिठकोगे तुम
सेवक-से, फिर सेवित-से।
        सेवक-से, सेवित-से!

खोलेगी जब जूड़ा रजनी,
हरसिंगार-सी हँसी तुम्हारी ही
गूँथेगी वेणी!

गूँथेगी फिर वेणी,
खुलना-बँधना चक्र निरन्तर,
घर से राहें चलती हैं,
राहें ही लाती हैं घर!

राहें लाती हैं घर!
अपना भी घर होगा·एक
सारे थके-बुझे सपने
लेटेंगे लेकर टेक!

हल्की लेकर टेक
कि यादें दुलराएँगी
धृष्ट आलियाँ
बिना बुलाए आ जाएँगी!

बिना बुलाए आएँगी,
उनको करना स्वीकार,
आख़िर उनका भी तो तुम पर
जन्मों का अधिकार।

जन्मों का अधिकार, किन्तु,
सूरज मेरा सिन्दूर,
भोग-योग जो भी करना,
करना मत मुझको दूर!

मत करना तुम दूर,
दूरियाँ बहुत सही हैं,
और साथ वे तो साये-सी
सदा रही हैं।

सदा रही हैं,

तब भी जो रहने आएँगी,
मेरी मेहंदी में ख़ुशबू बन
बस जाएँगी!

    बस जाएँगी
    या मैं घुल जाऊँगी उनमें
    बिन्दी के सन्दल-सा
    मुस्काऊँगी उनमें!

उनमें मुस्काऊँगी,
पहले मिल हम एक बनेंगे,
सागर में हम
मिलकर दो नदियों-सा साथ बहेंगे!

    साथ बहेंगे, मिलन हमारा
    होगा नहीं अधूरा,
    पंचम-षडज मिलेंगे,
    तब तो गाएगा तम्बूरा।

गाएगा तम्बूरा,
बन आकाश बजोगे,
दिग्-दिगन्त में
ब्रह्मनाद बनकर फैलोगे।

सम्बन्ध शतक

तुम मुझको नहला देते हो
कितने सजल प्रसंगों से,
उबटनदार उमंगों से!
सारी मिट्टी धुल जाती है।
गंगावरण तरंगों से!
क्या हो?
मेरे पिता? सखा? माँ हो? क्या हो तुम?
कौर-कौर उम्मीद डालते
थककर खुले हुए मुख में,
सुख में, दुख में
तुम एक भाव से,
बहुत चाव से
बड़ी एक कंघी से सारी उलझन झाड़
गूँथ देते हो—
डाँट रहे-से कभी, कभी समझाते,
कड़ी हिदायत देते या थपकाते,
देते तोस-भरोस, कभी बहलाते,
सहलाते यह उँगली थक कर चूर!
इस जीवन की कड़ी परीक्षा के
सारे ही प्रश्न कठिन थे।
सब उत्तर मैं आधा ही लिख
घर लौटी थी

गुस्सा थे तुम,
डपटा मुझको,
फिर भी साथ चले
साथ नहीं हरदम होओगे
—टिपिकल एक बिहारी दूल्हा
हरदम थोड़ा ठनके-छनके,
लहर महासागर की जैसे—दिव्य भाव से व्यस्त।
गुस्से में जोकर लगते तुम,
फिर भी सहज-कंटकित आँखें
देह-डाल पर पूरी चटकीं
तुम्हें देखकर,
तुम्हें देखकर!

देह-वंशी

चन्दन की सहज झुकी, मेहराबी डाल-सी ये बाँहें—
जो कभी सिर्फ़ बौराया-सा नाग होती हैं
और कभी सिर्फ़—सिर्फ़ ख़ुशबू—इनसे प्रार्थना है।
आँखें—जो मन्दिर के भग्न पट-सी
बन्द होकर भी नहीं ही बन्द हो पातीं—इन्हीं से प्रार्थना है।
होंठ जो मणिदीप हैं गहरी गुफा का,
देह—पत्थर काटकर छीना गया पथ
जहाँ मन की भीलनी जूड़ा सजाती है—
करौंदों से उलझती-सी बढ़ी जाती है अगम तक—
बस लहर-सी!
आज इनको ही समर्पित प्रार्थना हूँ मैं
कि अपने रोम-रन्ध्रों में मुझे निष्काम बजने दो—
सुबह की आरती की घंटियों-सा
और अपनी इन नसों की तंग गलियों में
उमड़ते तीर्थकों के भाल का रोली-सना-सा
स्वेद-कण बन झिलमिलाने दो!
तुम्हारी अगरबत्ती हूँ—बिना लौ के जली जाती—
अजानी किसी कोने में
कि शायद जज़्ब कर पाओ कभी तो
राख के भी पार की ये सहज घुँघराली
धुएँ की कुछ लकीरें—शंख-सी इस तलहथी की
ओस-भीगी अंजलि में!

समय का क्या है कि मेरे सारथी,
समय ही कल कर्ण के रथ-सा रुकेगा।
आज बेशक वह तुम्हारी बाँसुरी सुन
एक अनजानी दिशा को दौड़ती-सी धेनुओं-सा मग्न है।
व्यस्तता भी एक चीवर है, बुरा मत मानना,
तुम सुदर्शन चक्र वाले महाभारत के विवेकी कृष्ण
मत होना!
अगर हो हीं गए तो बाँसुरी का स्वप्न अपने गर्भ में धारण किये
मैं पार यमुना के चली जाऊँगी मेरे नाम पर तुम
एक छोटी नाव पत्तों की बहा देना
अधर से फूँककर—
देह-वंशी फूँकते हो ज्यों!

वियोग का नया रंग : दो शहरों की नौकरी

तुम

फ़ोन पर तुम सिर झुकाए
यों खड़े होगे कि जैसे
किरणों का गुलाबी रिसीवर उठाए
कमल ताल का शाम चार बजे :
        अधसोया, सपनीला, चिन्तित, उदास और अनुपम!
दिन-भर के काम से थकी उँगली
बार-बार नम्बर घुमाने में
चटकती होगी ऐसे जैसे चिड़िया के पंखों के नीचे का
        पूरा सेया नन्हा-सा अंडा
        जिसके भीतर से बस खुली चोंच
                निकली हो—
        प्यासी, मासूम, बहुत सुन्दर,
        ललछौंह और इत्ती, बस इत्ती
        ज्यों टेसू का टूसा!
ऐसे ही हो तुम
मैं जानती नहीं तुमको?
बोलते नहीं बनता तुमसे कुछ :
आँधी में किसलय-सी
जल्दी-जल्दी झिपतीं आँखें पर
मुझे साफ़ दिखती हैं :
        मौन के पुल-पार बहती,

इस नदी की एक बेबस भँवर हूँ मैं,
हूँ तुम्हारी ही लहर पर साथ बह पाती नहीं,
अन्तर्मुखी हूँ!
मुझे मुझमें ही धकेले डालता है काल निर्मम,
बाँह मेरी बाँध धरती-सा नचाता गोल है,
पर धुरी तुम हो!
तुम्हीं में एक आदिम गुफा बनकर
रह रही हूँ,
सप्तपदियाँ ले नहीं पाती तुम्हारे संग फिर से,
पर तुम्हारी नाभि के अमृत में मैं ही
बह रही हूँ।

तुम नहीं हो

तुम नहीं हो,
पर तुम्हारी पीटकर धोई गई ये
        छींट वाली साड़ियाँ
लेटी हुई हैं अलगनी पर
        अन-तहायी, अनमनी-सी,
        क्लान्त, खोले हाथ-पाँव!
सिर उलटकर बाल सुलझाती
तुम्हारी ही कोई मुद्रा
कि जैसे आईने से टूटकर
बाँहें छुड़ाकर, रूठकर
छिटकी खड़ी हो दूर कोने में
        अकेली, ध्वस्त, कातर!
मान से छल-छल
तुम्हारी आँख का कोना
हज़ारों बार जिसके कोर मे पोंछा गया
आवेश में तनकर—
        उसी
        आँचल में अपना
        भाप से धुँधला गया चश्मा रगड़ता
        मैं खड़ा हूँ
और आँचल में अठन्नी-सा बँधा

जो चाँद है न, खोएँछे में याद की
उसी से इस घुप अँधेरे दिन का ख़र्चा
चल रहा है,
चल रहा है चाय-पानी धकधकाती हीटरों पर
और मन में धुएँ वाला एक चूल्हा
जल रहा है!

जानना

किसी को जानना
मोल ले लेना है
अपने लिए एक और आईना
और एक अच्छा इयरफ़ोन
जिससे कि साफ़-साफ़ सुन सकते हैं
कि आख़िर क्या बातें करता है
बाड़े की भटकोइयों से
बिके हुए खेत की तरह फैला सन्नाटा!

सुन सकते हैं ज़रा और ध्यान देने पर
हवाओं में गोल-गोल नाचती हुई झीनी बुइया-सी
किसी और देश-काल से आई
वृद्धा वेश्याओं की फीकी हँसी,
दुनिया के सबसे बड़े पागलख़ाने के
किसी पुरातन पागल के एकतारे की जैजैवन्ती,
किए-अनकिए सारे अपराधों की लय पर
झन-झन-झन ज़ंजीरें बजा रहे क़ैदी की
अचानक जगी कुकुरखाँसी,
सारे नियमों की उलटबाँसी
और वे गुम आहटें
मृतप्राय भाषाओं की

जिनका कि एक भी अक्षर
पड़ता नहीं पल्ले—
फिर भी जिनमें होती है क़ुव्वत
पानी के भीतर बसे अपने
मायावी नागलोक तक खींच लेने की
(तिनकों का कोई सहारा लिये बिना डूबे सन्दर्भ
बन जाते हैं नागमणियाँ यहीं!)
किसी को जानना
एक बड़ी उत्तप्त-सी छलाँग है
पहले अपने बाहर,
फिर अपने भीतर—
देर तलक हिलता है जिससे
तालाब का पानी!
किसी को जानना
तालाब, दरिया, समुन्दर और बारिश हो जाना है!
जानना जाना है!
    एक बार बरसते हैं बादल,
    पेड़ तीन बार बरसते हैं—
हर बारिश के बाद
पेड़ों की डालियाँ हिलाते हुए
सोचते थे हम।
किसी को जानना
सब भूली-बिसरी बातों का
धीरे-धीरे याद आ जाना है!
जानना हो जाना है
बूँद-बूँद लोकती हुई
थर-थर-थर पत्ती!

जिह्वा

इकतारा बज रहा है।

एक जिह्वा जो कि
भरसक
झूठ नहीं बोलती—
जानती नहीं
मौक़े पर चुप रह जाने का कौशल—
मेरी नसें गुदगुदाती
मेरे भीतर
फिर रही है—
उन्मत्त—
जैसे कि फिरता है
कोई फ़क़ीर
रात के तीसरे पहर बाद
गलियों में—
ढूँढ़ता हुआ-सा कुछ-कुछ,
कुछ-कुछ बेचैन—
बीच-बीच में चूसता-सा
चिलम अपनी।

हो रहा है सब कुछ
धुआँ-धुआँ!

और धुएँ के ज़ोर से
अदबदाकर
टपक रहा है
शहद का छत्ता।
एक निष्पत्र गाछ से
नमकीन-मीठी नदी बह रही है
मेरे भीतर, मेरे बाहर!
जहाँ-जहाँ जीभ चल रही है—
एक लालटेन जल रही है—
मोखे पर यहाँ-वहाँ!
कुछ आँखें सोई नहीं हैं!
कुछ कान लगे हैं अभी दर पर!
इकतारा बज रहा है!

बढ़ी जा रही है जिह्वा—
एक गिलहरी-सी सरपट
रास्ते बदलती हुई—
एक स्वाद से दूसरे स्वाद तक—
एक कन्दरा से किसी दूसरी तक,
खेत-खलिहान पार करती,
पार करती
जागरण की चटक धूप
और स्वप्न का झुटपुटा!
रुकेगी ये आख़िर कहाँ?
मुड़ेगी कहाँ?
मुड़कर पिएगी क्या
हठयोग का अमृत?
हठ ही बना देता है योगी।

कैसी प्यारी चीज़ है ज़िद भी!
ज़िद ही बजाती है वह इकतारा
जिससे झनक उठती हैं
ऐसे झना-झन
सारी शिराएँ चट्टानों की।

डाक-टिकट

बच्चे
उखाड़ते हैं
डाक-टिकट
पुराने लिफ़ाफ़ों से जैसे—
वैसे ही आहिस्ता-आहिस्ता
कौशल से मैं ख़ुद को
हर बार करती हूँ तुमसे अलग!
मेरे किनारे फट जाते हैं कभी-कभी,
कुछ-न-कुछ मेरा तो
निश्चित ही
सटा हुआ रह जाता है
तुमसे!
थोड़ा-सा और विरल,
झीना-सा हो जाता है
मेरा काग़ज़,
धुँधली पड़ जाती हैं
मेरी तस्वीरें
पानी के छींटे से
और बाद उसके हवा मालिक,
उड़ा लिये जाए मुझे, जहाँ चाहे!

बसेरा

विश्वस्त सूत्रों से पता चला—
सब पार्कों और सारे हवाई क़िलों पर छापा पड़ेगा
और जहाँ जो गाना गाता हुआ पाया जाएगा
उसको हथकड़ी लगेगी!
'हर दिल जो प्यार करेगा, वो गाना गाएगा'—
इस तर्क से बहुत कम बच गए हैं गानेवाले—
उतने ही कम जितने महावत,
लहठी के कारीगर, ढाकाई मलमल के बुनकर...!
सो उन्हें सरकारी अजायबघर में रखा जाएगा!
लुप्तप्राय प्रजातियाँ—मोर-वोर, चीतल-वीतल—
आप घर पर पाल सकते नहीं जैसे—
गाना है तो अपनी धुन में नहीं, हुज़ूर, प्रायोजित जलसों में गाइए
और प्यार करना ही है तो
सरकारी तर्ज़ पर
एक राशन कार्ड बनवाकर
पूरी वैधानिकता के साथ
थोड़ा-थोड़ा ही जताइए!

अब हम करते तो क्या करते,
अपनी धुलाई तो निश्चित थी,
तय था कि देशनिकाला मिलेगा ही,
अपने समय के बाहर भी

कान पकड़कर कर दिए जाएँ—असम्भव नहीं यह!
कुछ देर हमने सोचा—
'अपने समय से निकलकर,
देश-काल—सबसे छिटककर
जाएँ तो जाएँ कहाँ!'

कुछ देर सोचने के बाद तय किया—
'नहीं, किसी स्वर्ण-युग में तो नहीं जाएँगे—
क्या करेंगे—चन्द्रगुप्त मौर्य या विक्रमादित्य,
हर्षवर्द्धन, अशोक, अकबर के युग तक जाकर?
गए अगर—बस हुड्डा छू लौट आएँगे,
छू लौट आएँगे—
चाणक्य की चुटिया, वैताल की लुटिया,
दानयज्ञ के बाद बची हुई हर्षवर्द्धन की ख़ाली टोकरी
या अशोक की उठकर गिरी हुई तलवार
या बीरबल की खिचड़ी-विचड़ी!
जाना ही होगा तो जाएँगे मोहनजोदाड़ो—
मिट्टी की पहली गाड़ी का पहिया बनने!"

सोच ही रहे थे कि आया सिपाही
और उसने हमको गरदनिया दी—
"हवाई क़िलों में रहनेवालो—
बन्द करो अपनी यह मियाँ की मल्हार—
निकलो, बाहर निकलो!
करो, बन्द करो, हवा में रहना बन्द करो!"

अब उसको कैसे समझाते हम—
हवा का नहीं होता हवाई क़िला—
बारिश की दीवारें होती हैं उसकी,

बाक़ी वह होता है सिहरी-सिहरी आग का!

ख़ैर, चल निकलने के पहले हमने अपने
हवाई क़िले की दीवारों में दबी पड़ी
सारी सिसकियाँ चुनीं
और उन्हें इतिहास के उतरे तारों पर
मिज़राबें घिस-घिसकर बजा दिया—जैसा-तैसा!

भीतर के तहख़ानों से हम बाहर निकले

तो अब हम पूरी तरह बेघर थे—
रहने को घर ही नहीं था—
सो हम बढ़े एक-दूसरे के भीतर—
बेले की कुछ झाड़ियाँ थीं वहाँ—
और एक था पृथ्वी थिएटर—
गाय-वाय, हिरण-विरण, हंस-मोर-हाथी,
घोड़ा-टमटम-रथ-फिटिन, दुश्मन-साथी,
अक्षौहिणी सेना, द्वापर और त्रोता,
साधु-वाधु-बुद्धू-जोकर-अभिनेता,
गुरु-वुरु, शिष्य-विष्य एक-दूसरे के हम बने-वने!
खेल-खाल, गा-नाच, हँस-रोकर
अच्छा-सा एक नाट्य रचकर
कोई जगह और मिली नहीं
तो अन्ततः
एक उठल्लू समय में भी
आख़िर हम बस ही गए
एक-दूसरे के वजूदों की सरहद पर!

एक अजब-सा वियोग

मैं उससे 'प्रेम' नहीं करती—
जानती भी उसको ठीक तरह से मैं नहीं!

इक्कीस दिन
        एक कोर्स किया,
एक बेंच पर बैठे,
हँसे-मुस्कुराए, कुछ कुफ़्त हुए
        और बोर भी—साथ-साथ!
जाने के घंटे-भर पहले वह बोला—
"लाया हूँ कैमरा, तस्वीरें ले लूँ तुम्हारी?
मेरी पत्नी बेहद ख़ुश होगी
कि मेरी किसी से हुई दोस्ती,
मेरी स्तब्ध वफ़ादारी से
        ऊब गई है शायद!"

उसकी आँखों में थी
नारियल पानी-सी धूप
और कोवलम-तट के बालू की
        हल्की धमक!
मैंने कहा—"हाँ, ज़रूर!"
फिर अफरा-तफरी मची
        विदाई समारोह की!

समारोह की ऐसी-तैसी,
मैं भूल गई—
वो कर रहा होगा इन्तज़ार।
टी.ए. बिल की लाइन लम्बी थी,
लाइन में किसी से बहस हो गई,
मेरा तो फ़्यूज़ उड़ गया और मैं चल दी...!
रात के ग्यारह बजे याद आया तो
हूक उठी—
उसने किया होगा इन्तज़ार और रात की ट्रेन से
केरल चला जा रहा होगा—
उसका पता मेरे पास नहीं—
अब क्या हो—क्या इसी वक़्त के लिए
गा गए हैं मुहम्मद रफ़ी—
अब जाँ-ब-लब हूँ शिद्दते-दर्दे-निहाँ से मैं,
ऐसे में तुझको ढूँढ़ के लाऊँ कहाँ से मैं॥

एक अकेली चाय
पीती हुई रेस्तराँ में मैं
सोच रही हूँ ये लगातार—
यह वियोग का जाने कैसा तो
ग़ैर-शास्त्रीय प्रकार है—
योग के बिना ही वियोग!
सच मानिए, मैं मज़ाक़ भी नहीं कर रही।
होगा तो यह वियोग ही लेकिन
बिलकुल नई प्रजाति का—
लाल पपीते और कड़े टमाटर जैसा
'डिस्को' नहीं इसमें कुछ भी,
किसी कृषि-वैज्ञानिक ने

तैयार किए नहीं होंगे
        इसके बीज
पूसा-वूसा में पर
ग़ैर-शास्त्रीय तो यह है ही!
बिन माँगे भी क्या कभी
मिल सकती है माफ़ी?

बस-टिकट

ये बढ़ते हैं बिना पाँव के
ठुँसी हुई बस में।
आँखों-आँखों में हो जाती है गुफ़्तगू
और हाथों-हाथ बढ़ता चला आता है सिक्का,
पुल-सा बन जाता है अनजान हाथों का :
        दुनिया का सबसे अनूठा पुल!

कह गए हैं बिहारीलाल,
दोहा है कौन-सा—नहीं याद—
सन्दर्भ है कि एक भरी सभा में
        दूर-दूर से देखते हैं
        एक-दूसरे को दो प्रेमी—
        मिल जाती हैं उनकी आँखें, फिर हँस पड़ती हैं!
भरी सभा में
चिर-परिचित आँखों का गुपचुप संवाद
दुनिया का सबसे बड़ा होता है शायद रोमांस—
ऐसा समझती थी मैं आज के पहले।

आज लग रहा है कि अनजान आँखों का
        यह भाईचारा—
उससे भी शायद बड़ा है रोमांस!

आदमी का आदमीयत से रोमांस यह
शायद है
आदिकालीन!

परदेस में गृहस्थी : प्रेम का सबुज रंग

सेकेंड हैंड चीज़ें

सेकेंड हैंड चीज़ें
एक मशाल यात्रा हैं साझेपन की।
साझा स्पेस कहीं धरती पर
बचा हुआ है अब भी—
इसका आश्वासन हैं
सेकेंड हैंड सारी किताबें और फ़र्नीचर!

सेकेंड हैंड कितनी किताबों के हाशियों पर
हरी-लाल मज़ेदार टीपें वे
किसको निवेदित हैं, कौन कहे!

सेकेंड हैंड फ़र्नीचर
अमर कॉलोनी के फ़ुटपाथों पर
करते हैं इन्तज़ार
दूज के चन्द्रमा की
शर्मीली-सी रोशनी में नहाए हुए!
और एक दिन जब अचानक,
मुस्काता आता है कोई नया जोड़ा,
घंटों वह करता है मोल-तोल!
कान खड़े करके सब सुनते हैं फ़र्नीचर
और फिर लदकर चले जाते हैं वे नए घर।
विस्थापित जोड़ों की

पहली गृहस्थी बसाते हैं
सब-लेट स्पेसों में
पूरे विनय से!
गहरी स्थितप्रज्ञता से
किसी वृद्ध की मृत्युशय्या भी
बन ही सकती है सुहागसेज
किसी दम्पती की!

उद्धत नहीं होतीं सेकेंड हैंड चीज़ें!
बीत चुकी होती है उन पर कुछ पहले भी,
पर उसकी दास्तान लेकर वे
कभी भी नहीं बैठतीं!
उनकी सुन्दरता का है रहस्य ये ही!
ये ही है उनकी
मिष्टी-मिष्टी सी मिस्टीक!
इस पर ही न्योछावर
कहता है उनसे समय—
"आमी तोमाके भालो बाशी!"

गृहलक्ष्मी-1

जब तक अठन्नियाँ हैं मेरी मुट्ठी में
कोई नहीं मुझको धकेलेगा बाहर।
बस मेरा नैहर है—बतरस की खान!
कहना नहीं चाहती कुछ भी,
लेकिन सुनना चाहती हूँ—
ऐसे ही, छितिर-बितिर कुछ-कुछ
जैसे ही पुरधायन मज़दूरनी का
कोई क़िस्सा
सामने की सीट पर
कन्धा जोड़े बैठे प्रेमी-युगल की
वो मद्धिम हँसी,
कोई उपाख्यान...
बस मेरा नैहर है! बतरस की खान!

घर तो नहीं कोई,
लेकिन है हर घर का पिछवाड़ा
मेरा महबूब!
ईंट का सिंहासन दे देता है,
छुपकर पिला देता है चाय!
ज़्यादा सवाल नहीं पूछता,
सुनता है अलाय-बलाय!

अमरूद-जामुन के पेड़ वहाँ,
पेड़ों पर अमरूद बतियाँ...
बतियाँ—छोटी बातें
कच्चे अमरूदों की तरह,
अमरूद जिनसे कि फूल अभी नहीं झड़ा।

अमरूद जो पहने बैठे हैं मिलिटरी हरा—
सुनते हुए ये बड़े होंगे
'विविध भारती' पर जवानों की ख़ातिर ही
बजनेवाली जयमाला-सेवा!
पिछवाड़े के नल के नीचे सिलबट्टा है!
उसमें भी जब-तब पिस जाता है
धनिया-पुदीना!

कमी नहीं संसार में रस की!
संसार रस का ख़ज़ाना
बालू की छाती में पानी,
सख़्त शिला की धमनियों में है
तेल का ठिकाना!

गृहलक्ष्मी-2

मैं कैसेरॉल की अन्तिम रोटी हूँ!
कैसेरॉल में ही मैं बन्द रही हूँ अब तक!
पीती रही भाप कुछ दिन तक
ठीक से सिंकी रोटियों की
जो मेरे ऊपर थकियाई गई थीं!
एक ज़माना वो भी था जब मैं
लुगदी-लुगदी हो गई थी—
भाप दूसरों की पीती-पीती!
अब, या ख़ुदा, उस उधार की
भाप भी बिलाने लगी है!

ऐंठ रही हूँ भूख से, प्यास से
मेरी चमड़ी टटाने लगी है!
टटाने लगी भी है तो क्या!
गेहूँ की बालियाँ ठुनकती हैं मुझमें अभी भी,
अब तक बची है मेरे भीतर लहलहाहट!
तभी तो लपकती हैं मुझ पर कूड़ा बीनती लड़कियाँ!
तृप्ति से मुँदती चली जातीं उनकी वे आँखें
तड़पती हुई भूख का है
टभकता बयान
और मेरे इस 'अनलहक़' का
अन्तिम अयान!

गृहलक्ष्मी-3

मैं इस घर की दुछत्ती हूँ—
सिर पर उठा रखा है आसमाँ की तरह
        मुझे इस घर ने।
मुझमें है पड़ी हुई
एक टोकरी उथली—
        कूड़े-कबाड़े की!
कूड़ा-कबाड़ा भी ऐसा
जिससे न छूटा हो मोह आपका!
जो भी है मुझमें मैं वो ही हूँ—

एक टूटी वायलिन—
घुँघराली लट की तरह जिसका
        लटका है एक तार
        अधर में कहीं!
एक भूली-बिसरी धुन मुझसे
अब तक आती है गले मिलने कभी-कभी!
मिलती है गले मगर
कुछ भी नहीं बोलती!
गर्दन उठा मेरा मुँह देख लेती है भर-आँख,
कहती है—इंशाअल्लाह, फिर मिलेंगे कभी!

न कोई तारीख़ तय, न समय निश्चित
पर है भरोसा, मिलेंगे फिर।

मुझमें है बन्द पड़ी एक दीवार-घड़ी भी!
वो भी हूँ मैं ही!
मेरी चाभी ग़ायब है!
बुलबुल का छोटा-सा अंडा
चुपचाप है मुझमें पड़ा हुआ!
एक उजड़ा घोंसला—
उसमें पंखे की हवा से लगातार
काँपता हुआ तिनका—
वो भी मैं ही होऊँगी, और भला कौन होगा!

मुझमें ही फिंका पड़ा है—
एक ख़ाली टॉर्च
अपने अँधेरों में गुम-सा
जैसे ख़यालों में मैं रहती हूँ गुम-सी
अक्सर!

टूटी हुई एक
तिनपहिया साइकिल
कोंची हुई है मुझी में!
ये ही तिनपहिया चलाता हुआ
इतिहास इतना बड़ा हो गया!

गृहलक्ष्मी-4

वो एक उठी हुई उँगली है,
मैं एक झुका हुआ माथा हूँ!
हम दोनों के बीच है, कुछ है—
लेकिन क्या, लेकिन क्या, लेकिन क्या!
सिर धुन रही है हवा, फिर भी
कुछ उसको समझ में नहीं आता!
इम्तिहान में जैसे
भक्क पड़ गया हो दिमाग़ अगर,
फूल हाशिए पर बनाता हुआ
तीन घंटे काट देता है बच्चा,
कुछ फूल मैंने भी बना लिये हैं लेकिन
उन फूलों पर मुझको
        एक मिलेगा अंडा,
        एक मिलेगा डंडा!
वो चारमीनार है
मैं चूड़ीबाज़ार हूँ हैदराबाद का
        काँव-काँव, किच-किच के बीच भी कहीं कोई
        बची हुई झनकार है—
        क्या ये ही दुनिया का नहीं आठवाँ अचरज?
इतनी मारा-मारी है, फिर भी
उम्मीद है और भरोसा है, रस्ते हैं, इन्तज़ार है!

गृहलक्ष्मी-5

बिना स्याही की क़लम
लिखती रही, लिखती रही
जिस पेज पर वो पेज हूँ बेचैन!

मुझको ख़त्म होना है,
मुझे तुम ख़त्म ही कर दो—
किसी अरेबियन नाइट, किसी क़िस्सा-ए-तोता और मैना की तरह
मैं ख़त्म जो होती नहीं
तो मोड़ दो मेरा ये रुख़ तुम
        एक उत्तर-आधुनिक बेअन्त दरिया में!
उसी दरिया में फिर तुम डूब जाओ!

एक बंजर में कुदालों की तरह चलती हुई
मैं थक गई हूँ—
पोंछ दो ज़रा मेरा माथा कि मुझको नींद आ जाए—
उसके पहले अपने गमछे का सिरहाना
गोल तो कर लो!

मुझे भी भूख लगती है—
कि दोने में मुझे ला दो समोसे
वो जो मैंने एक बंगाली फ़िलिम में कभी देखे थे—
एक वृद्धा वेश्या के लिए

पन्द्रह मील पैदल जाके लाए थे समोसे
उसके बचपन के किसी साथी ने—
ये इक बात मुझको ज़िन्दा रखती है
किसी भी भुखमरी में।

गृहलक्ष्मी-6

मैंने गोद ले रखी हैं
वे सारी स्त्रियाँ जो तुम्हें जानती थीं
और वे सारे बच्चे
जिनके लिए तुमने कभी
लेमनचूसें ख़रीदी होंगी,
और मेरी गोद का आयतन
लगातार बढ़ रहा है
एक दिन पुच्छल तारे की बेचैनी में
सिर धुनकर
बृहस्पति से टकराने के पहले
मैंने सोचा—
मेरे पीछे मेरे इतने बड़े कुनबे का
आख़िर क्या होगा?
यह सोचकर मैंने टक्कर स्थगित की,
और मन बदलने की ख़ातिर—
घर की छोटी-मोटी चीज़ों के बारे में
सोचने लगी—
कैसा मेरा रेडियो है
पीकिंग लगाओ तो लग जाता है
सीधा मंगोलिया
घड़ी सुस्त है मेरी!

और मेरे यंत्रजगत् का
ज़ोरदार नर्तक, यह पंखा
एक पोज़ पर
ठहरा है
जाने कब से!

मुझको अच्छा लगता है
सोचकर
कि इस चल-जगत् में
कुछ तो है
जो ठहरा है अब तक
सम भाव से!

गृहलक्ष्मी-7

मैं रोटी बेलती हूँ जैसे पृथ्वी।
ज्वालामुखी बेलते हैं पहाड़।
भूचाल बेलते हैं घर।
सन्नाटे शब्द बेलते हैं, भाटे समुन्दर।

रोज़ सुबह सूरज में
एक नया उचकुन लगाकर,
एक नयी धाह फेंककर
मैं रोटी बेलती हूँ जैसे पृथ्वी,
पृथ्वी—जो ख़ुद एक लोई है—
सूरज के हाथों में
रख दी गई है
पूरी की पूरी ही सामने
कि लो, इसे बेलो, पकाओ,
जैसे मधुमक्खियाँ अपने पंखों की छाँह में
पकाती हैं शहद।

सारा शहर चुप है,
धुल चुके हैं सारे चौकों के बर्तन,
बुझ चुकी है आख़िरी चूल्हे की राख,
और मैं
अपने ही वजूद की आँच के आगे

औचक हड़बड़ी में
ख़ुद को ही सानती,
ख़ुद को ही गूँधती हुई बार-बार
ख़ुश हूँ कि रोटी बेलती हूँ जैसे पृथ्वी।

गृहलक्ष्मी-8

तुम्हारी आँखों की अदालत की
धूल-भरी सीढ़ियाँ उतरते हुए
पहरों में सींकचों के उस पार जाने से पहले
मैं अक्सर यह सोचती हूँ—मेरे न्यायमूर्ति,
कि घर जब घोंसले से मंच बनता है
और मंच से काला कठघरा—
भाव की वकालत नहीं चलती,
ताव की जजी चलती है केवल!
अस्तबल की लँगड़ी घोड़ी
हो जाती है पागल हवा—
नथुनों से धुएँ-सा निकालती,
ज़ार की रियासत के पार खड़ी
आल्या इलोविच की भूरी-सी घोड़ी!
तात्याना घोड़ों को फूल देती है।

गृहलक्ष्मी-9

हाँ, तुम्हारा पिन-कुशन हूँ—
हर नुकीली बात तुम मेरे हृदय में भोंककर
फ़ासलों की फ़ाइलें बढ़ाते हुए
अर्दली से माँगते हो एक ठंडा ग्लास!
कान में घंटी तुम्हारी चीख़ती है—
रेत में प्यासे पड़े बच्चे की तरह—ज़ोर से!
फिर तुम्हारे भी हृदय से एक पेपरवेट-सा जब
खिसकता है—
चिड़ियाघर की चिड़ियों की तरह उड़ जाते हैं कितने पन्ने
कमरे की जालियों के भीतर ही—
इधर-उधर!
रोज़ मरी मौतों के दस्तख़त के नाम
सम्बन्धों का पूरा त्यागपत्र
जेब में भिंचा करता है कभी तुम्हारी,
कभी मेरी मुट्ठियों में क़ैद होता है।

गृहलक्ष्मी-10

अलगनी से कपड़े उतारे,
पोटली में बाँधीं दो छोटी रोटियाँ,
गाँठ में नमक और मिर्च,
बालों से सलवटें निकालीं
डाल लीं मन में
और डोलची में उठाकर
समूची ही दुनिया
नक्षत्रों की यात्रा पर
निकल पड़ी अपनी वह
आख़िरी मुलाक़ात!

मेरा क्या होना था, कुछ नहीं हुआ,
फेफड़ों में भर आईं नन्ही कंकड़ियाँ—
कुछ दीं समुन्दर में फेंक,
कुछ की मैं खेल गई गोटियाँ,
कुछ ही हैं जो अब तक
साँसों में गड़ती हैं कभी-कभी
तो मृत्यु के मुँह पर
छींकती हूँ हँसकर तपाक
ताज़ा हो जाता है
ख़ून का बहाव।

गृहलक्ष्मी-11

गई रात रोज़ मेरे मन में
कोई पटककर पोंछे का कपड़ा धोता है
और जब निचोड़ता है आँखों में :
मेरी इस आत्मा के जो निकटतम पड़ोसी हैं—
बहुत ज़ोर-ज़ोर से बिदकते हैं।
सर्फ़-मिले पानी-सी चाँदनी,
फेन-मढ़े मोती साबुन-सा यह चाँद
मिलकर भी रातों के दामन का दाग़
नहीं धो पाते!
बुरा वक़्त गिद्धों के डैनों-सा
उड़ा चला आता है सन्नाटा चीरता!
नींद किसी चुहिया-सी छिपती है हर आहट पर
और आँखें दालों के औंधे डिब्बे का
अधखुला ढक्कन हो जाती हैं!
भली-बुरी यादें
बिल्ली की आँख-सी चमकती हैं!

चोटें

चोटें रात को जग जाती हैं!
बच्चा-चोटें घुटनों के बल
धीरे-से उठकर
जाती हैं भंडार की आलमारी तक
और ढूँढ़ती हैं बेसब्री से
सख़्ती से बन्द पड़े डब्बों में
खील-बताशे।
डब्बों में तो कुछ नहीं मिलता,
इन बच्चा-चोटों के पीछे
यों ही टहलते हुए आते हैं
दिन-भर के पड़े हुए टीचर के डंडे,
अम्मी के खिन्न मन तमाचे, घूँसे बाप के...
        और उन खुले हुए, ख़ाली डब्बों में
        तिलचट्टों की तरह घुसकर सो जाते हैं।
एक अदेखे भूत के डर से
दौड़ती हैं भूखे ही वापस बिस्तर में बच्चा-चोटें
और मारे डर के हाँफ-हाँफकर गाती हैं
आधी-चौथाई सारी प्रार्थनाएँ—
'हमको मन की शक्ति देना...
वैष्णो जन ते...वैष्णो जन ते...'
कहाँ गए लेकिन सारे वैष्णव जन वे?

हाथ बढ़ाती हैं बच्चा-चोटें
एक बड़ी-सी अम्मा-चोट की तरफ़,
लेकिन अम्मा-चोटें होती नहीं बिस्तर पर!
कहाँ चली जाती हैं सब अम्मा चोटें
आधी रात को बिस्तर से उठकर?

ग़नीमत

भीगे पौधों में
कंघी कर रही है हवा
एक अजब ख़ुशबू हवा में है—
बच्चे के पुलुर-पुलुर चानी की ख़ुशबू—
ग्राइप वाटर और सरसों के तेल से नहाई हुई
हरी-हरी ख़ुशबू!
पेड़ हरे स्तन हैं माँ के!
पेड़ों के ऊपर
नाचती हवा भी हरी है
और समुन्दर के ऊपर की नीली!

कैसी अजब बात है
कि अभी भी
धूप-धुआँ-धूल से झँवाई हुई दुनिया में
रंग बचे हैं ज़िन्दा
ख़ुशी सिर्फ़ 'मज़ा' नहीं है,
खनक सिर्फ़ सिक्कों में हो,
ऐसी बात नहीं!
खनक रहे हैं
अब भी कुछ फ़लसफ़े
ख़ाली जेबों में!

राशिफल

किसी ज्योतिषी की तरह अन्धा
मेरा यह प्रेम
सब खगोल-पिंडों में तुमको भटकाएगा!
क्या होगा, थोड़ा भटक लेना
जैसे भटकती है नाव
नाभि में भँवर की
पलटने से पहले!

अस्पताल में दम्पती

बरसों से बन्द पड़े
मिशनरी स्कूल के गिरजाघर का
अकेलापन
पसरा पड़ा था वहाँ—
उनके भय पर!
दोनों ने करवट बदल ली थी
अब केवल पीठ सटी थी
और बीच में एक चोटी थी—
कीमोथेरैपी के बाद के दिनों में फिर से मचलकर,
पूरी ही जिजीविषा से
बाहर आए
श्वेत-श्याम केशों की
कच्ची-सी चोटी
एकदम ढीली बँधी।
शब्द सभी ठिठके पड़े थे!
ड्रिप से जीवन टपक रहा था—
शहद की उसी बूँद की लय में
जिसे लोक लेने को बढ़ जाती है
इस कहानी में
मृत्युमुखी व्यक्ति की जिह्वा!
अचानक कहा उसने—'कहवा',

और दूसरा उठ गया,
धोता हुआ थर्मस यंत्रचालित भाव से फिर वह
चलता ही चला गया...
प्रेम एक बलारेज था—
धीरोदात्त भाव से ठठा
—जीवन और मृत्यु के दोनों तरफ़ से
प्रखंड (अ) और प्रखंड (ब)
जोड़ता!

मैं तुमको फ़ोन करूँगी

एक दिन जब सुबह बहुत ख़ुशनुमा होगी,
सर पर नहीं होगी बचे हुए कामों की गठरी,
मैं तुमको फ़ोन करूँगी!
अफरा-तफरी में कैसे कर लूँ—
जब यह मन आसिन का आकाश होगा,
चिड़ियों को दाना-पानी देकर
मैं तुमको फ़ोन करूँगी
फ़ोन करूँगी जब सर भन्नाया नहीं होगा
मार-काट की ख़बरों से,
टुकुर-टुकुर सब देखा करने को
आँखें नहीं होंगी अभिशप्त,
फ़ोन करूँगी जिस दिन
विविध भारती पर बजेगा
बचपन में सुना हुआ शमशाद बेगम का गाना
जो मुझमें हूक उठा देता था
क्या जाने किसके लिए!

इतना खडूस दीखता है मेरा चेहरा,
तुमको सहसा यह विश्वास ही नहीं होगा,
मुझमें रूमान भी कहीं होगा—
बालू में छुपे हुए पानी के सोते-सा।
पोंछे के पानी से सींचकर बग़ीचा,

तकिए में मुँह गाड़कर,
मोड़कर पाँव तिनकते हुए
मैं तुमको फ़ोन करूँगी!

मैंने बहुत सारी बातें तहा रखी हैं
अम्मा की साड़ियों के भीतर
डालकर फ़िनाइल की गोलियाँ!
आसमान में भी कहीं होंगी
रात की सियाही में किरणों से लिखी हुईं
कई ऊटपटाँग चिट्ठियाँ,
पर कुछ जो कहीं नहीं लिखी गईं—
उनका भी कुछ तो करना ही है—
तुमको इसीलिए चुना है
कि पढ़-सुन लो वाक्यबंध
जो मुझसे पूरे ही नहीं हुए।
देखो ज़रा ऊपर—
तारे वे मेरे ही काँपते हुए अक्षर
जिनको मैं गूँथ ही नहीं पायी
लड़ी में कहीं।
वाक्य-बंध टूटे हुए, शब्द यों ही निरर्थक—
क्या तुम सब लोगे अँकवार?
नम्बर नहीं पास मेरे पर
फ़ोन करूँगी।

जैसे जड़ें धरती के भीतर
धीरे-धीरे अपनी काँपती उँगलियाँ बढ़ाकर
कभी-कभी यों ही छू लेती हैं
एक-दूसरे के वे थके हुए कन्धे,
कुछ फ़ोन आते हैं क्या जाने

कौन ऋण-बन्धन चुकाने
यों ही ग़लत नम्बरों से!
जब भी कोई फ़ोन आए
ग़लत नम्बरों से, बिगड़ना मत!
धीरे-से माथा झुकाना!
जैसे पथिक से पुरानी विरहनी
दाना-पानी पूछ लेती थी
वैसे नहीं भी अगर पूछ पाओ
तो माथा झुकाना ज़रूर :
क्या जाने क्या तलाशता-सा
राही कहीं जा रहा है!

आए कोई रॉन्ग नम्बर
या नहीं भी आए—
हहाता हुआ एक सन्नाटा सुन लेना
चोंगा उठाकर!
हो सकता है कि मैं ही होऊँ,
ग़लत नम्बरों में तुम्हें ढूँढ़ती-सी पगलिया!
हर ग़लती एक फ़ोन नम्बर है
जो भूल जाते हैं हम कहीं भी रखकर,
फिर वह उड़ती रहती है,
उड़ती रहती है
लू में हहाती हुई,
घूमती चक्रवातों में—
किसी पुराने फ़ोन के डायल-सी
एकदम से गोलमगोल!
इसी पुराने डायल से
तुमको फ़ोन करूँगी!

तुमसे न सहज मन ऊब जाए

खलनायकों की रूठी स्वकीयाएँ

हमने पानी में रहकर भी
बैर कर लिया है मगर से,
पर जब बहाता है वो आँसू—
'घड़ियाली आँसू हैं ये'—
ये जानते हुए भी
अपनी उमड़ आती है छाती
उसके लिए!
साँपों को दूध पिलाती हैं हम,
कुत्तों को दे देती हैं
अपने हिस्से की रोटी!
इस लाइलाज-सी शराफ़त के बावजूद
धीरज का बाँध अगर टूटा है
तो सोचो, क्या गत कर दी होगी
उसने हमारी!
क्या गत कर दी होगी कि घर से
उसके विदा होते ही
हम भरती हैं एक
लम्बी उसाँस चैन की
और अँगड़ाई में उठा लेती हैं बाँहें
पूरा आकाश ही समेटती हुईं!

कोई सोए साथ

कोई सोए साथ भले पर जगते सभी अकेले हैं,
सबकी अपनी ही थकान है, सबके अलग झमेले हैं!
आगे गए कि पीछे रहे, सब ही आँखें मींचे रहे,
चकमक तक ही साथ सभी का, दिन के ही सब मेले हैं।
इधर पुकारा, उधर पुकारा, मैंने सबको बहुत पुकारा,
याद यही, बरफाते हैं सब, सब पानी के रेले हैं।
रस्सा-कश्शी, 'डेंगा-पानी' सम्बन्धों की यही कहानी,
छूना चाहो तो भागेंगे लोग, साथ जो खेले हैं।

दिन

मेरे भी दिन बीते कैसे!
कुछ कल्पित सुख के अभिनय में,
कुछ अर्जित दुख के संचय में,
कुछ औने - पौने निर्णय में,
ऐसे - वैसे, जैसे - तैसे!
कुछ स्मृतियों के रिसाव में,
कुछ कुंठाओं के कसाव में,
कुछ बेगाने आव - ताव में,
चिन्ता की कुंडलियों - जैसे!
कुछ सिहरी - सिमटी भूलों में,
दुविधा के झिलमिल झूलों में,
कुछ काँटों में, कुछ फूलों में,
अनजीते, अनहारे - जैसे!

भेड़िया

(एक परदेसी पिया की पत्नी की ओर से जिसने कि, कहते हैं,
उनकी अनुपस्थिति में भेड़िया पाला)

"प्रियवर,
मैंने तो बहुत ग्रन्थ नहीं पढ़े थे!
पतली-सी एक बालपोथी पढ़ी थी बस!
कभी-कभी बच्चे ही दे देते बोध-कथा
कि माँ का जी लगा रहे!
याद है, वह छोटा-सा लड़का बोध-कथा का—
भेड़ें चराता-चराता जो पर्वत की चोटी तक जाता!
साँय-साँय बहता अकेलापन, डर जाता जब अकेलेपन से
तो उठा लेता आसमान सर पे
और चीख़ पड़ता वह एकदम से—
'भेड़िया, बचाओ, भेड़िया!'
घाटी से लोग दौड़ आते!
(अच्छे थे लोग कि दौड़े चले आते
यों ही किसी पुकार पर)
अच्छे तो थे लेकिन थे कामकाजी
उन्हें लगा कि बच्चा झूठ बोलता है
तो आया जब सचमुच भेड़िया,
मटिया गए वे!
और चीर-फाड़ बच्चे को खा ही गया भेड़िया!

मैं पूछती हूँ, ज़रा ग़ौर से देखो—
क्या सचमुच झूठ बोलता था वह बच्चा?
क्या औरतें और बच्चे, आवेग में भय के, जो बोलते हैं, वह होता है झूठ?
दुनिया के पहले कथावाचक ये ही तो थे—
रूपकों में अपनी बात करनेवाले!
पर्वत चोटी का घनघोर-सा अकेलापन
उस नन्ही-सी जान की ख़ातिर
किसी भेड़िए से कम होगा क्या?
देखो तो बोध-कथा से मेरे जीवन का अन्तर, बच्चा तो चला गया,
पर मैं सलामत हूँ, ऊसर इस निस्तब्धता में भी,
पाल लिया है मैंने अपना अकेलापन,
पाल लिया है मैंने भेड़िया!"

लिझंडरी प्रेम, किंवदन्तियों में प्रेम

भामती की बेटियाँ

लिखने की मेज़ वही है,
वही आसन,
पांडुलिपि वही, वही बासन
जिसमें मैं रखती थी खील-बताशा
दीया-बत्ती की वेला हर शाम!
कभी-कभी बेला और चंपा भी
रख आती थी जाकर चुपचाप
खील-बताशा-पानी-दीया के साथ!

पूरे इक्कीस बरस बस यही जीवन-क्रम—
कुछ देर इन्हें देखती काम में लीन,
जैसे कि देखते हैं सुन्दर मूरत शिवजी की...
पत्थर की मूरत ही बने रहे ये पूरे इक्कीस साल!
फिर एक शाम एक आँधी-सी आई,

बिखरने लगे ग्रंथ के पन्ने,
टूटी तंद्रा तो मुझे देखा
पन्नों के पीछे यों भागते हुए जैसे हिरनों के,

चौंके : 'हे देवि,
परिचय तो दें,

आप कौन?'

मुझको हँसी आ गई—
'लाए थे जब ब्याहकर तो छोटी थी न,
फिर आप लिखने में ऐसे लगे,
दुनिया की सुध बिसर गई, लगता है जैसे भूल ही गए—
वेदान्त के भाष्य के ही समानान्तर
इस घर में बढ़ी जा रही है
पत्ती-पत्ती
आपकी भार्या भी!
तो क्या मैं इतनी बड़ी हो गई
कि पहचान में ही नहीं आती?'

पानी-पानी होकर
इस बात पर
पानी में ही
बहा आए
आप तो
अपनी वह पांडुलिपि

जो मैं नहीं दौड़ती पीछे—
पृष्ठ बीछ ले आने पानी से,
गडमड हो चुकते सब अक्षर...
घुल जाती पानी में स्याही,
शब्द पर शब्द फिसल आते,
मेहनत से मैंने वे अक्षर भी बीछे,
जैसे कि चावल,
अक्षर पर अक्षर दुबारा उगाए

अपने सिन्दूर और काजल से,
भूर्जपत्र फिर से सिले—
ताग-पात ढोलना लगाके!
अक्षर पर अक्षर
अक्षर पर अक्षर...
अक्षर मैं
और आप अक्षर

टप-टप-टप-टप
ये लो,
रोते हैं क्या ज्ञानी-ध्यानी यों?
क्यों रो रहे हैं जी...
चुप-चुप..!

तुलसी का झोला

मैं रत्ना—कहते थे मुझको रतन तुलसी
रतन—मगर गूदड़ में सिला हुआ!
किसी-किसी तरह साँस लेती रही
अपने गूदड़ में
उजबुजाती-अकबकाती हुई!
सदियों तक मैंने किया इन्तज़ार—
आएगा कोई, तोड़ेगा टाँके गूदड़ के,
ले जाएगा मुझको आके!

पर तुमने तो पा लिया था अब राम-रतन,
इस रत्ना की याद आती क्यों?
'घन-घमंड' वाली चौपाई भी लिखते हुए
याद आई?...नहीं आई?

'घन-घमंड' वाली ही थी रात वह भी
जब मैं तुमसे झगड़ी थी!
कोई जाने या नहीं जाने, मैं जानती हूँ क्यों तुमने
'घमंड' की पटरी 'घन' से बैठाई!

नैहर बस घर ही नहीं होता,
होता है नैहर अगरधत्त अँगड़ाई,

एक निश्चिन्त उबासी, एक नन्ही-सी फ़ुर्सत!
तुमने उस इत्ती-सी फ़ुर्सत पर
बोल दिया धावा
तो मेरे हे रामबोला, बमभोला—
मैंने तुम्हें डाँटा!

डाँटा तो सुन लेते
जैसे सुना करती थी मैं तुम्हारी...

पर तुमने दिशा ही बदल दी!
थोड़ी-सी फ़ुर्सत चाही थी!
फ़ुर्सत नमक ही है, चाहिए थोड़ी-सी,
तुमने तो सारा समुन्दर ही फ़ुर्सत का
सर पर पटक डाला!

रोज़ फींचती हूँ मैं साड़ी
कितने पटके, कितनी रगड़-झगड़—
तार-तार होकर भी
वह मुझसे रहती है सटी हुई!
अलगनी से किसी आँधी में
उड़ तो नहीं जाती!

कुछ देर को रूठ सकते थे,
ये क्या कि छोड़ चले!
क्या सिर्फ़ गलियों-चौबारों में मिलते हैं
राम तुम्हारे?
'आराम' में भी तो एक 'राम' है कि नहीं—

'आराम' जो तुमको मेरी गोदी में मिलता था?
मेरी गोदी भी अयोध्या थी, थी काशी!
तुमने कोशिश तो की होती इस काशी-करवट की!
एक 'विनयपत्रिका' मेरी भी तो है,
लिखी गई थी वो समानान्तर
लेकिन बाँची नहीं गई अब तलक!

जब कुछ सखियों ने बताया—
चित्रकूट में तुम लगाते बैठे हो तिलक
हर आने-जानेवाले को—
मैंने सोचा, मैं भी हो आऊँ,
चौंका दूँ एकदम से सामने आकर!
पर एक नन्हा-सा डर भी
पल रहा था गर्भ में मेरे,
क्या होगा जो तुम पहचान नहीं पाए
भक्तों की भीड़-भाड़ में?

आईना कहता है, बदल गया है मेरा चेहरा,
उतर गया है मेरे चेहरे का सारा नमक
नमक से नमक धुल गया है (आँखों से चेहरे का!)

आँखों के नीचे
गहरी गुफा की
हहाती हुई एक साँझ उतर आई है!
गर्दन के नीचे के दोनों कबूतर
चोंच अपनी गड़ाकर पंख में बैठे—
काँपते हैं लगातार—

आँसू की दो बड़ी बूँदें ही अब दीखते हैं वे!

सोचती हूँ—कैसे वे लगते—
दूध की दो बड़ी बूँदें जो होते—
आँचल में होता जो कोई रामबोला—
सीधा उसके होंठ में वे टपकते!
सोचती गई रास्ते-भर कैसे मिलोगे!
सौत तो नहीं न बनी होगी
वो तुम्हारी रामभक्ति

एक बार नहीं, कुल सात बार
पास मैं तुम्हारे गई
सात बहाने लेकर!
देखा नहीं लेकिन एक बार भी तुमने
आँख उठाकर!
क्या मेरी आवाज़ भूल गए—
जिसकी हल्की-सी भी खुसुर-फुसुर पर
तुममें हहा उठता था समुन्दर?
वो ही आवाज़ भीड़ में खो गई
जैसे आनी-जानी कोई लहर!
'तटस्थ' शब्द की व्युत्पत्ति
ख़ूब तुमने समझाई, प्रियवर!

एक बार मैंने कहा—
"बाबा, हम दूर से आई हैं घाट पर,
खाना बनाना है, मिल नहीं रही सूखी लकड़ी,
आपके झोले में होगी?
कहते हैं लोग, आपके झोले में

बसती है सृष्टि,
दुनिया में ढूँढ-ढाँढकर
आ जाते हैं सारे बेआसरा
आपके पास,
जो चीज़ और कहीं नहीं मिली,
आपके झोले में तो रामजी ने
अवश्य ही डाली होगी!"
बात शायद पूरी सुनी भी नहीं,
एक हाथ से आप घिसते रहे चन्दन,
दूसरे से लकड़ी मुझको दी।

सचमुच कुछ लकड़ियाँ झोले में थीं—
जैसे थी लुटिया, आटा, बैंगन,
धनिया, नमक की डली,
एक-एक कर मैंने सब माँगी
दीं आपने सर उठाए बिना,
जैसे औरों को दीं, मुझको भी!

लौट रही हूँ वापस...ख़ुद में ही
जैसे कि अंशुमाली शाम तक
अपने झोले में वापस
रख लेता है अपनी किरणें वे बची-खुची
कस लेता है ख़ुद को ही
अपने झोले में वापस
मैं भी समेट रही हूँ ख़ुद को

अपने झोले में ही!
अब निकलूँगी मैं भी

अपने सन्धान में अकेली!
आपका झोला हो आपको मुबारक!
अच्छा बाबा, राम-राम!

प्रेम के लिए फाँसी

मीरा रानी, तुम तो फिर भी ख़ुशक़िस्मत थी,
खाप पंचायत के फ़ैसले
तुम्हारे सगों ने तो नहीं किए!
"राणाजी ने भेजा विष का प्याला"—
कह पाना फिर भी आसान था,
"भैया ने भेजा"—ये कहते हुए जीभ कटती,
बचपन की स्मृतियाँ कशमकश मचातीं,
और खड़े रहते ठगे हुए राह रोककर
सामा-चकवा और बजरी-गोधन के सब गीत
"राजा भइया चललें अहेरिया,
रानी बहिनी देली असीस हो न"!

हँसकर तुम यही सोचती—
'भैया को इस बार मेरा ही
आखेट करने की सूझी!
स्मृतियों का कोष
चुक ही गया उस बेचारे का!
कौन डाकू ले गया उसकी बचपन की यादें?
बाबा ने भी हद ही की!
जो डाकू लूट नहीं सकते,

वह सब सम्पदा : त्याग, धीरज, सहिष्णुता,
मेरे ही हिस्से कर दीं,
क्यों उसके नाम नहीं लिखीं?'

उसने कहा था

(स्कूल की हिन्दी शिक्षक, उमा दी को सादर समर्पित)

बूढ़ी कुँवारी उमा दी,
आठवीं कक्षा में उन्होंने हमको हिन्दी पढ़ाई थी,
'उसने कहा था' कहानी पढ़ाते हुए
वे थोड़ी गुमसुम-सी थीं!

वैसे तो आपातकाल शाश्वत भाव है देश का,
पर वह इमर्जेन्सी थी सन पचहत्तर की!
पढ़ाते-पढ़ाते वे भटकीं ज़रा-सा
और धीरे-से कहा—
"कुछ तो हो...अच्छा, चलो, छोड़ो,
आज हम पढ़ेंगे एक प्रेमकथा!...
सृष्टि में चारों तरफ़ बिखरी हैं
प्रेम की कहानियाँ,
देखने की क़ुव्वत पैदा हो जाए अगर तो दीख सकता है
हर आदमी प्यारा,
हर चेहरा न्यारा
किसी-न-किसी कोण से!"

इतने बरस बीते,
क्या जाने क्या बात थी उनमें,

उनका पढ़ाया हम कभी नहीं भूले,
प्रतिश्रुतियाँ ही पढ़ीं हमने कण-कण में,
लहना सिंह होकर ही
जिए-मरे!

टैगोर को मेरा प्रेमपत्र

मैं रधिया हूँ रोबी बाबू,
वो ही जो डेढ़ सौ बरस पहले
लू में किसी सूखे पत्ते-सी उड़ती हुई
मिलने चली आई थी
तो तुम उठ बैठे थे!
दालान पर खस की पट्टी गिराए,
चरमराती चौकी पर थोड़े बेचैन लेटे थे तुम
जब खाँसता आया विश्वस्त सेवक तुम्हारा
जो भगाने से भी नहीं भागता था,
हर बार ही लौट आता था हाथ में हुक्का लिये।
आया, फिर बोला धीरे-धीरे,
"ओरे बाबा,
ज़िद ठाने है पगली आन गाँव की
कि आ गई है तो मिलकर ही जाएगी।"

सहसा तुम उठ बैठे और कहा—"आने दो!"
आँखों में आँख डालकर
एक ही प्रश्न तो उछाला था मैंने—
"कब आओगे मुझसे मिलने
मौलसिरी के नीचे?"
पाँच घड़ी बाद ही चला आया था केष्टो।

नए फूल गुलदस्ते में सजाते हुए
जब उसने सब पुराने फूल फेंक दिए बाँस की उसी टोकरी में
जिसमें तुम डाला करते थे
फटे-कटे पन्ने कविताओं के,
मैं उनको सीने से लगाए हुए
निकल गई बाहर—
"इतना तिरस्कार
नए के लिए हर पुराने का!"

इस पर तुम पीछे-पीछे आ गए मेरे
और कहा—"तुम तो हृदय हो इस धरती का
हर शै में धड़कता हुआ,
तुम्हारे बिना भला कहाँ पार पाएगी
मेरी यह कविता!"

तुम पानी-पानी हुए,
यह बात मन में लिये
मैं माटी के नीचे चली गई!

माटी-माटी हो गई मेरी यह कंचन काया,
फिर वही माटी खिली बनकर धानफूल
उन्हीं धान के खेतों में जिनसे
होकर गुज़रते थे तुम नंगे पाँव!
अस्ताचल की ठंडी किरणों-सा चोंगा तुम्हारा
हवा में सिहरता
और तुम्हें मैं बुलाती
दूर कहीं हाँड़ी में डबक रहे
बासमती चावल की गन्ध का दुपट्टा हिलाती।

मेरी यह काली माटी ही थी
जिससे कालान्तर में तुमने
ऐसी सुभग मूर्तियाँ गढ़ दीं—
अकुंठिता उर्वशी
जिसकी कटि मेखला टूटती जब अनन्त में कहीं
नाच उठती रक्तधारा हर पुरुष-हृदय की,
'अखिल के मनस्स्वर्ग की क्रीड़ा'—
यही कहा था तुमने उसके लिए!

हालाँकि तुम मेरे बारे में कुछ भी नहीं बोले,
पर मैं समझती हूँ ख़ूब,
बोले भी तो कैसे बोले कुम्हार
अपनी ही गीली मिट्टी के विषय में
क्योंकि वह मिलता ही है उससे
होने-न-होने के बीच के उस मुहूर्त में
जब शब्द जाते हैं डूब
महामौन के झिलमिल आवर्त्त में
स्वर्ण-तरी जैसे!

काली हिरनी-जैसी आँखोंवाली
कृष्णकली वह तुम्हारी
जिसने आँचल से कभी सिर ढँका ही नहीं,
लजाने का जिसको समय मिला नहीं!
घटाटोप अन्धकार से डरकर रँभाती हुई
उन कपिला गायों की सींगें सहलाती,
भृकुटि से आकाश देखती
उस काली लड़की की छवि गढ़ते
तुमने मेरी माटी में

तमाल वन की छाया भी मिलाई थी!

और फिर संध्या की कबरी से खिसक गिरी
थर-थर-थर काँपती हुई वह कृशकाय किरण,
एक निष्फल कामना, देवयानी—
उसकी वह कामना-कातर-सी काया गढ़ते हुए
तुम थककर सो ही गए थे
माथा टिका मेरे गीले स्तूपों पर!

और वो बालिका-वधू
चाँद के कान में सुबकती,
उसको तो गढ़ते हुए तुमने
मेरी माटी में मिलाए थे
मर्मर स्वर वाले दो पल्लव दल!

अभिसार की कामना लेकर
उपगुप्त संन्यासी के सम्मुख नतमस्तक
कल्पलता की मूर्ति
मेरी इस माटी से गढ़ते हुए तुमने
गूँथा था मुझको समय-जल से!
तब ही तो दु:साध्य रोगों के दानों से भरी हुई
वह देह शीतल चन्दन हो गई
संन्यासी के छूते ही—
"आज रात समय हो गया, वासवदत्ते!"
तो जैसे उपगुप्त आए थे
अन्त समय में उसका साथ निभाने,
मैं-माटी-मैं भी तो आई न
रोबी बाबू, तुमसे एकसार होने!

जैसे कि पाताल तक जानेवाली
उस पुरातन पेड़ की वे जड़ें—
एक-दूसरे का कन्धा छूने को आकुल
उँगलियाँ बढ़ाती हैं—
माटी से माटी मिली!

तुम्हारी गढ़ी मूर्तियाँ भी कभी
माटी-माटी जो हुईं—
तो भी कुछ है जो ठहर जाएगा—
जैसे आकाश ठहर जाता है,
दो शब्दों की फाँक में जैसे
अर्थ का अनन्त पसर जाता है!

'रीतिकाल' पढ़ते हुए

बेचारे रीतिबद्ध!
तलवार की नोक के नीचे रहते हुए
इतनी छीना-झपटी, मार-काट देखी
कि होना ही था उनको क्षणजीवी,
आगे की गारंटी भी क्या थी!

रजवाड़ों की अफरा-तफरी
बिम्बों में घर कर गई,
मुग्धा का सौन्दर्य बाँचते हुए भी
राजाओं की धींगामुश्ती
साफ़ नज़र आती है—
"हृदय-देश पर कामदेव का
राज्याभिषेक हुआ,
अंग-प्रत्यंग नहीं फूले समाए,
छीना-झपटी मच गई अंगों में
कटि की पृथुलता
नितम्बों ने छीनी
और उदर के हाथ आई
मन्दता स्तनों की,
नाभिदेश की रोमावली ने
दौड़ मचाकर ले लिया

नयनों का सीधापन
और वे बंकिम हुईं"

बाबा बिहारी,
शुरुआत मिनिएचर पेंटिंग की
दीखती है इन दोहों में,
पर भाष्य करते हुए मैं तो
भरती हूँ गहरी उसाँस कि बला छूटी :
इक्कीसवीं सदी में
पैदा हुई मेरी बेटी।
दसवीं में पढ़ती है।
है मुग्धा की उम्र की लेकिन
प्रेमापराधों पर आहत,
बंकिम विलास-भरी चितवन में कीलित
मध्यकाल की मुग्धाओं वाली ज़िन्दगी
उसे नहीं जीनी होगी
इस नन्ही-सी उम्र में ही।

परकीया

रीतिकाल की कविता में
बच्चों की इतनी ही चर्चा है
कि वे पैदा हुए।
पालने में उनको सुला-फुलाकर
चली परकीयाएँ
आदर्श प्रेम के अनन्त की तलाश में।

एक दोहे में बिहारी ही
कहते हैं कि बच्चा पैदा हुआ,
पिता ज्योतिषी था,
कुंडली बनाई बेटे की तो
पितृघातक योग देखकर डरा,
पर दूसरा योग 'जारज' जो दीखा
तो मनमोदक लूटता हुआ
सोचने लगा कि मरेगा रकीब।

परकीया के बच्चे
कभी तो बड़े होते होंगे ही,
पचपन प्रवाद घेरते होंगे उनको,
क्या पूछते होंगे माँ से वे,
माँएँ क्या कहती होंगी उनसे—

सोचती हुई दंग हूँ,
तंग हूँ
ये भी पढ़कर कि
"एक धूर्त नायक ने
जब एक आसन पर बैठी
अपनी दोनों प्रेमिकाओं को देखा
तो आँख-मिचौली भाव से
एक की आँख मूँद दी
और गर्दन घुमाकर
दूसरी का मुँह झट चूम लिया!"

धूर्त ही सही, लेकिन
नायक कहलाया ये बन्दा।
पर विलोम जो इसका सत्य होता
यानी कि आँख मूँदकर एक का
दूसरे का मुख
चूमती हुई
कोई औरत बखानी जाती
तो 'नायिका' के आसन से गिरकर
निश्चय ही 'पुंश्चली' कहाती!
परकीया भी चित्रित होती है
एक ही व्यतिक्रम सँभाले!

सोचती हूँ ये भी—
इतनी असुरक्षा और घचर-पचर
झेलने को तैयार
जो भी औरत होती होगी—
निश्चय ही धुर बचपन में वह किसी

नीरस, सपाट, क्रूर बकलोल से ब्याही जाकर
रोज़-रोज़ की किचकिच से थक गई होगी।
'साहित्य दर्पण' में कहती है परकीया—
"ओ चतुर चितचोर!
तुम्हारी लुभावनी चितवनों से अब
कुछ भी नहीं बनता
अब मेरी साँसों की आवाज़ पर ही
मेरे बच्चों का मरखंड पिता
जाता है खीज!
सौतें मन की बातें झट सूँघ लेती हैं
सास इशारे ताड़ लेती है,
देवरानी और जेठानी भी अब तो
आपस में मुस्का देती हैं मुझे देखकर
हाथ जोड़ती हूँ, घर आना मत!"

समझ में नहीं आता सहसा
परकीया को चिन्ता
लोकलाज की है, निराश्रय हो जाने की
या अपने प्रियतम के
आसन्न अपमान की!
स्वाधीनभतृका, खंडिता,
मानवती, अभिसारिका,
कलहान्तरिता, विप्रलब्धा,
प्रोषितभतृका, वाकसज्जा
या विरहोत्कांठिता—
किसी कोटि की हो परकीया तुम,
तुम पर उमड़ती है करुणा ही!

अपने पतियों से प्रताड़ित
प्रप्रप्रपितामहियो—मातामहियो—
परकीया बनने की
जब ठान ही ली होगी तुमने—
निलाच्छीति, मुहमित,
मोहायित, हसित-चकित
बच्ची-सी
संशयथकित-सी तुम
क्या सोचती होगी
तकिए में मुँह गाड़कर
अपने बारे में!

पूर्णमिदम्

जिस रात पूरा किया 'उत्तरकांड',
बहुत देर नींद नहीं आई,
फिर नींद के झुटपुटे में दो दृश्य दीखे!

पहले में धरती की छाती फटी थी
सीता के दुख से,
पर सीता उसमें समाई नहीं थीं!
गोद में धरती का सिर रखकर
समझा रही थीं उसे
"कि कोई दुख इतना बड़ा नहीं होता
जो झेला न जाए!
फिर सृष्टि का यह नियम है
लव-कुश की तरह ही सदा
जुड़वाँ पैदा होते हैं दुख-सुख!
अकेलेपन के अपने मज़े हैं,
ख़ासकर औरत की ख़ातिर
वार्धक्य फ़ुर्सत है!
'स्त्रवन समीप भए सित केसा'—
यह स्थिति जब किसी
औरत के जीवन में आती है,
धूप-हवा सी वह तो बिलकुल महीन

और हल्की हो जाती है!
भली भई मेरी मटकी फूटी,
मैं तो पनिया भरन से छूटी!
इस अकूत फ़ुर्सत में ही
वह गढ़ सकती है रुद्रवीणा
किसी अधूरे स्वप्न से लेकर तार,
कल्पवृक्ष से लेकर लकड़ी
और छेड़ सकती है महाशून्य पर
राग आसावरी!"

माँ-बेटी का यह संवाद सुना
तो झक से आँख खुल गई मेरी!
मुश्किल से जब वह दोबारा लगी
तो देखा निश्चिन्त बैठी हैं सीता
अपना अकेलापन रुद्रवीणा-सा बजाती हुईं!
इसी रुद्रवीणा की धुन अकानता
आया है रावण उन्हें ढूँढ़ता,
फिर से आशान्वित कि राम की अब तो दुनिया अलग है,
लव-कुश की भी पूरी हो ही गई ज़िम्मेदारी,
आ बैठा सूखे पत्तों की चटाई पर, धीरे-से बोला—
"देवि, अब हम दोनों ही
उम्र के उस मोड़ पर आ गए हैं
जहाँ प्रेम देह की कछार छोड़कर
हो जाता है एक मीठी आपसदारी!
बहुत भटककर फिर से आया हूँ
द्वार तुम्हारे!
क्या तुम मुझे रुद्रवीणा सिखाओगी?"

सीता ने तिनके की ओट नहीं ली,
सीधा ही बोलीं इस बार—
"कोई किसी और की रुद्रवीणा
कैसे बजाए भला?
जितना भटककर तुम आए हो मुझ तक,
उससे भी ज़्यादा भटककर
मैं आई हूँ वापस अपनी ख़ुदी तक!
यह रुद्रवीणा ही है अब तो मेरा वजूद!
ख़ुद अपनी लकड़ियाँ काटो,
ख़ुद रुद्रवीणा गढ़ो
जो भी लय-ताल सिखानी होगी,
प्रकृति ख़ुद ही सिखा देगी!
जाओ हे भिक्षुप्रवर
इस बार लौटा रही हूँ तुम्हें पहचानकर मर्म जीवन का!
आघात ही मुक्ति का मार्ग है, बन्धु,
इससे ही जगते हैं वीणा में राग!
ख़ुद अपनी रागिनी सुनो और लौटो
अपनी ख़ुदी तक!
तुम विराग के और रागों के भी
सर्वथा योग्य हो—
गायक हो महाशून्य के,
शून्य से शून्य घटा, शून्य बचा!"

नायिका भेद

आचार्य, हम इनमें कोई नहीं
कोई नहीं, कोई नहीं, कोई नहीं
मुग्धा, प्रगल्मा, विदग्धा या सुरतिगर्विता
परकीया भी नहीं, न स्वकीया ही!

मुग्धाएँ जब थीं हम,
देनी थीं हमको परीक्षाएँ
बोर्ड के सिवा भी कई।
संस्थानों में प्रवेश की परीक्षाएँ देते हुए
हमें फ़ुर्सत ही नहीं मिली
आनन्द सम्मोहिता या रति कोविदा होने की।
रात में जगीं भी हम
तो मोटी पुस्तकों में सर खपाती हुईं
चौराहे तक निकलीं भी जब अँधेरे में
मुदिता या अभिसारिका भाव से तो नहीं,
घर के कपड़ों में बस निकल पड़ीं
चुइंगम लाने की ख़ातिर कि नींद भगे।

प्ररूढ़यौवन हुईं जब हम
नौकरी के सौ झमेले थे सर पर,
क्लासिकल स्वकीयाएँ तन-मन से करती थीं

पतिगृह की सेवा, हम तन-मन धन से
परिजन पुरजन की, ससुराल-नैहर की
घर की और बाहर की
दत्तचित्त सेवाएँ करती हुईं
झेलती रहीं कचरमकुट्ट।

स्वाधीनपतिका नहीं, न ही स्वपतिका,
आनन्दसम्मोहिता भी नहीं, न ही कलहान्तरिता।
कलह कभी करने का भी जी हुआ तो किससे करतीं,
बालबुद्धि ही थे परमेश्वर हमारे।
लगे ही नहीं वे कभी भी बराबर से
'पिया मोर बालक हम तरुनी,
पिया लेली गोदक चलली बजार' का छन्द साधती हुई,
आज जिस बाज़ार में हम खड़ी न, आचार्य जी
उसमें पहेली नहीं, चुटकुला है हर जीवन।
तुमुल कोलाहल कलह का ऐसा
घनघोर-सा सिलसिला है यहाँ,
कबीर जी की लुकाठी से
सुलग रहे हैं बॉनफायर।

दो चार ब्लॉगों पर
सुगबुगाता है कुछ री-मिक्स-सा,
लुसफुसा रही है कुछ इधर-उधर
'बाजार से गुज़रा हूँ ख़रीदार नहीं हूँ' की
झिलमिल-सी अन्तरपाठीयता।

हाँ तो मैं यह कह रही थी
कि कुट्टिनी-खंडिता वग़ैरह भी

हम तो नहीं हैं,
हमारा अलग से ही बनना होगा कोई प्रभेद—
फूट गए हैं घड़े
सिकहर पर टँगे नौ रसों के,
घाल-मेल हो गया है अब रसधारों का—
वीर में वात्सल्य बहता है
शृंगार में बहती है कुछ भयावहता,
शान्त वीभत्स के घर चला गया है
और हास्य भी रौद्र से जा मिला है।

हर क्षण हमारा है नौ रसों का कॉकटेल
और हम भी हैं शायद मिश्र-प्रजाति वाले
बाँस का टूसा—
सुना था कहीं
चीन देश में होती है
बाँसों की ऐसी प्रजाति
जिसका टूसा पड़ा रहता है
पचपन बरस धरती के भीतर
और जब चमकती है बिजली कहीं,
धरती की छाती दरक जाती है,
फोड़-फाड़कर सारी चट्टानें
झाँकता है बाँस का टूसा।
धरती से बाहर
भूले-भटके जो आ जाती हैं
मादक घटाएँ उधर,
उनकी छाया घूँट-भर पीकर
दिन-दूनी रात चौगुनी गति से अचानक
बढ़ जाता है बाँस का टूसा

यों बेहिसाब
कि उसकी गर्दन झुक जाती है,
कोई भी कन्धा नहीं मिलता
जिस पर टिके उसका माथा।

हाँ, हम समझती हैं उनका दुख
जिनको सर रखने को कोई भी कन्धा नहीं मिलता,
सन्न-सन्न बहती हैं सारी दिशाएँ उनके भीतर
मलिनवस्त्र राधा का दुख एक ऐसा ही दुख था
हरि के पसीने से भीग गया
और विरह की धूप में सूखा
तार-तार आँचल वह राधा का
क्यों उँगलियों पर लपेटती थी राधा
यह हम समझती हैं,
हालाँकि हमने
कृष्ण को नहीं देखा,
पर राधाएँ हमने देखी हैं इधर-उधर।

नागमती 'पद्मावत' वाली
बड़े पलंग पर कहीं एक ओर लुढ़की पड़ी,
या गहन बारिश में निपट अकेली
अपनी झोंपड़ी छवाती हुई,
दीखती है कैसी,
जानती हैं हम ये अच्छी तरह से!
कुछ हममें अब भी बचा है दुख
अपभ्रंश गीतों की चिर विरहिनों का।

युद्ध से घायल हो घर लौटे घोड़े का
दुख जानती हैं हम।
जानती हैं ये कि लगता है कैसा जब
घुड़साल में उनको कहीं एक ओर बाँधकर
अनमने क़दमों से चल देता है घुड़सवार
और कभी वापस नहीं लौटता।
धीरे-धीरे भूल जाता है पोर-पोर उसका
क्या होता है खरहरा,
और नाल गप से गले मिलती है कैसे,
कटे-फटे खुर भूल जाते हैं।

अच्छी तरह हम समझती हैं
हर बात पर चौंकती हैं क्यों
उत्कंठिताएँ,
धीरा-अधीरा वो रहती है क्योंकर?
काम नहीं आते क्यों उनके
वर्षों से संचित संज्ञान और अनुभव?
क्यों खोटे सिक्के हो जाते हैं
सारे शुभाशय?
बजता नहीं वह कभी भूल से भी,
फिर हाथों में क्यों हरदम रखती हैं
अपना मोबाइल?
क्यों ध्यान से पढ़ती हैं मेसेज
विज्ञापन कम्पनियों के
अपना धुँधला चश्मा पोंछकर?
किसका है इन्तज़ार इनको
कोई तो कभी भी नहीं आता इनके सिरहाने।

सिर्फ़ एक वैद्यराज आते हैं
और भटकटैया में अश्वगन्धा की
बस भावना मिलाकर
कुछ रसायन-सा पिलाते हैं।
गौरैया की नींद सोती हैं
और छपाक जाग जाती हैं
जो आधी रात कुहकती है कुरलियाँ
सूखी तलैया में,
छाती पर हाथ धरे सोचती हैं कुछ-कुछ
छाती पर हाथ धरे क्या सोचती हैं
ये वृद्धा पद्मिनी नायिकाएँ
नहीं किया जौहर जिन्होंने
और अन्त-अन्त तक लड़ीं
अनुपम धीरोदात्तता से?

सुजान

"प्राण परै उरझै मुरझै निस बासर मैन कहा तन आवत
मोहिनी सूरत को दरसाय सुजान कहो इत क्यों नहिं आवत।"

कैसे चली आती तुम तक सुजान, प्रिय घनानन्द?
बरसाती नद-सा उमगता हुआ
जैसे कि प्रेम चला आता है जीवन में—
बँधे हुए पाँवों में आती नहीं ताक़त
ज़ंजीरें तोड़ दौड़ आने की!
आते-आते आता है जाँगर,
आते-आते आती है हिम्मत
तूफ़ान की बाँह थाम नाच जाने की!
उद्दाम माधवी लता
करती है उल्टी हवाओं में छूमछनन
पंखुड़ी बिखेरती हुई जैसे पथ में,
मैं नाच सकती थी
गत-तोड़े-टुकड़े-परन
राह में तुम्हारी बिछाती पलक-पाँवड़े
लेकिन ठगी-सी खड़ी रह गई मैं तो
और राह ही मुड़ गई।
नाच ही गया जैसे,
और फेरकर मुँह खड़ा हो गया

'सूधो सनेह को मारग' वो अपना
जो गौओं-सा मुँह उठाए
दौड़ा चला आता था तुमसे मुझ तक, मुझसे तुम तक।

गोधूलि की अकबक में
अब तक थकमक-सी खड़ी हूँ
जहाँ-की-तहाँ जैसे
प्रौढ़ा कुट्टिनी दूतिकाएँ
मारे गए योद्धाओं की
किन्हीं पद्मिनी नायिकाओं की चौखट पर!
आलाप भरते हुए वैसे तो
सचमुच बिसर जाती है दुनियादारी
पर उस दिन तो तुमने हद कर दी!
मेरी तरफ़ मुड़ गए और
राजा को पीठ ही दिखा दी!
देशनिकाले का फ़रमान सुनकर
कैसे प्रशस्तमन भरोसे से बोले
कि आओ, साथ चलो!
एकदम से पास आकर खड़े हो गए...!
प्रलयलीन पृथ्वी हुई मेरे मन की...
कैसे अब तुमको समझाऊँ मैं—
मार डालता तुमको राजा
मैं उठकर साथ चली आती जो।

× × ×

तुलसी की रतना पर भी आती है तोहमत!
कहते हैं, उसने भी राह नहीं रोकी,
पर रोक पाया है कौन भला राह किसी की?
जहाँ भी पहुँचना है जिसको, वो पहुँचता है वहीं!

एक कन्दील-सी कहीं टाँग जाता है
बीच राह उठकर बहाना कोई!
मैं भी बहाना हुई
तुम तक तुम्हीं से जो राह गई,
मैं उस पर कन्दील टाँग गई!

× × ×

फिर जैसे युग बीते,
सारे सिंगार हुए बासी!
टूटे जो घुँघरू, सितारे हुए!
टूट गए सब रिश्ते-नाते,
लेकिन घनघोर घटाटोपों के बीच कहीं
आस अभी तक दमकती है
कि मिलना होगा दुबारा
अचानक कभी!
चाँद और सूरज की जगमणियाँ हों गवाह!
"सिमतमणि अल्ला, नबीचमणि मुहम्मद, तुरंगमणि बुराक,
गजमणि एरावत...चत्रा दिस मासूम परनमणि अली बीच
सीतल भलो मिहिस्त एतीमाम...सुजान अस्तुति कीन!"

घनानन्द

"अति सूधो सनेह को मारग है,
जहाँ नैकु सयानप बाँक नहीं"

सूधो सनेह के मारग पर ही
तुम चले थे, महाकवि,
फिर भी यह बंकिमता!
कहीं-न-कहीं तो पगडंडी-सा
यह बाँकपन आ ही जुड़ता है
प्रेम के सरल मार्ग से।

दुनिया के दरबार से
यों ही निकाल दिए जाते हैं प्रेमी
और टिककर बैठ जाते हैं मदमस्त
अपने वजूद की नदी के किनारे,
हँसते हुए ख़ुद पर
ऐसी ही बाँकी चुटकियाँ लिया करते हैं
तब वे
अपने लला से—
"तुम कौन धों पाटी पढ़े हो, लला,
मन लेहुँ पे देहुँ छटाँक नहीं!"
कौन नहीं जानता—

प्रेम गणित की कक्षा में
हरदम पीछे बैठा,
खिड़की से देखता हुआ मेघदूत
या हिरामन सुआ,
तभी न्याय की देवी ने इसको तराज़ू नहीं दी,
पर दधीचि ने दे दीं अपनी आँखें—
सब हड्डियाँ दान देने के बाद जो बचीं
टिमटिमाती खोह में!

ज़िन्दगी के श्लेष में अर्थ
लिपटा ही रहता है दोहरा
जैसे कि छटा आँकता यह छटाँक
'बटखरा' भी समझा जा सकता है।
इसी तरह 'मन' बटखरे वाला
आराम से समझा जा सकता है
मन वो बहने और बहते चले जानेवाला
—सूधो मारग से
भँवरीली बंकिमता तक बहता
और अन्त में होता
दोनों के पार,
'आनन्दघन' की तरह
बरसता उसी भाव से
पीठ फेर बैठी सुजानों पर,
दुनिया के जाने-अनजानों पर!

वार्धक्य में प्रेम की दस्तक

वार्धक्य में प्रेम की दस्तक

नहीं, मैं अकेली नहीं हूँ—
घिरी हुई हूँ बुरी तरह।
इस तरह घिरे होने में
कुछ ऐसा बुरा भी नहीं
            जिसकी शिकायत हो।
यह दम्भ भी मुझसे नहीं सधेगा
कि साफ़ कहूँ
जो कहता था मेरे बचपन का
एक बड़ा मज़ेदार रेडियो विज्ञापन—
'जगह नहीं है, जगह नहीं है—
इतने ढेर-सारे बच्चों के साथ एक ख़ाली बस का इन्तज़ार करें!
            परिवार नियोजन कार्यालय,
            सूचना जनहित में जारी!'
बचकाना उम्मीदों की कोई क्यू लेकर
तुम मेरे पास नहीं आए
और इस तरह भी
भरी-पूरी
इस दुनिया की कोई औरत नहीं होगी जैसी सिटी बस होती है—
            थोड़ा-थोड़ा-सा अकेलापन
हर रिश्ता देता है—
हर रिश्ता देता है

थोड़ी-थोड़ी-सी
हताशा-तिरस्कार,
बाँकी-तिरछी अम्ल-वर्षा
कुछ घुमड़ती हुई-सी वीरानी
थोड़ा-सा ख़ालीपन!

ख़ाली कर जाता है हर रिश्ता थोड़ा-सा,

लेकिन उसी ख़ालीपन में, उसी ऋतु में
धीरे-से एक आकाश उतर आता है!
आकाश का ऐसा है, उसमें चिड़िया उड़ तो सकती है,
टिककर बैठ नहीं सकती,
आकाश टेक नहीं देता
किसी घोंसले के लिए।

उचटी हुई नींद आकाश बनती है,
सपने उसे बिलकुल याद नहीं रहते,
परिन्दे समझते हैं उसकी मजबूरी...
तब ही वे अपनी उन
उन्नत उड़ानों के
कोई निशान नहीं छोड़ते,

हाँ लेकिन,
उनके उन अस्फुट गीतों की
हल्की अनुगूँजें
बची रहती हैं
बूढ़े आकाश की
धुँधली स्मृतियों में।
उनकी ही कृतज्ञता
साँय-साँय बहती है
थमती है बस थोड़ी देर के लिए
प्रलयंकर तूफ़ान के पहले।

वृद्ध दम्पती का प्रेमालाप : मिठनपुरा, मुज़फ़्फ़रपुर

हारे-थके आए, खिड़की से कुर्सी सटाई और बैठ गए,
खोल लिया कुरते का एक बटन,
पोंछ लिया कुरते की बाँह से पसीना!
"यदि होता यह रीतिकाल", मैंने सोचा,
"काम-काज की कोई चिन्ता नहीं होती,
दिन-भर तुम घर में ही रहते,
पचपन तरह के उपमान छाँटते,
मुझको भी लगता कि मैं कुछ हूँ,
कुछ तो मुग़ालते ज़रूरी हैं जीवन में!
बतरस-नदी और छन्द-वन्द, फूल-वूल
चिड़िया, तितली, चाँद, हिरण-विरण,
धरती की पूरी हरीतिमा
उपमानों से भी ग़ायब हो गई तो बचेगा क्या?"
तुमने मेरी सोच सुन ली
और हल्का मुस्कुराए
चूँकि मैं कंघी किए जा रही थी,
तुमने मज़ाक़ में कहा—
"रूपसि, तेरा घन केशपाश...!"
मैं भी हँसी और बोली—
"अच्छा तो इतने दिनों में सुध आई,
कुछ बात भी बनाई तो कब

अब जबकि कंघी लगाते ही
इन बादलों में
चम से चमक जाती है सफ़ेद बिजली
नई बहुरिया की फ़ुर्ती से!"
"चाँदी के तार ये मुबारक हैं", तुम बोले,
"ये ही देंगे तुमको
एकदम नए वजूद में प्रवेश का वीसा—
आकाश खुला-खुला होगा वहाँ,
धूप बहुत नम होगी
और प्रसन्न बहेंगी हवाएँ।
कनखियों से देखेंगे हमको
खट्-मिट्ठे बब्बूगोशे—
एक ही टहनी पर सटे हुए,
एक साथ पकने की गन्ध में नहाए,
तरह-तरह से झेलते
वक़्त और बारिश और हवा के थपेड़े!
'कुमारसम्भव' का उजला कबूतर
सिर पर मँडराएगा अपने,
लाल-लाल आँखें नचाता
उड़ेगा इधर से उधर।"
"अच्छा, अब बस भी करो,
तुम तो मत इतना उड़ो,
मुझको चौके तक जाने दो,
तीन बार खौला,
खौल-खौल सूख चुका पानी,
क्या कहेगी केतली रानी—
कितने गपोड़ी हैं ये दोनों प्राणी!"

चट्टान

ऐसा नहीं है कि
उच्छल जलधि तरंगों के बीच उसे देखा हो—
उत्तुंग!
दायम किसी दर पर पड़ी हुई
वह एक बेहद घरेलू-सी चट्टान थी!
नाधे पेटकुनिया वह लेटी थी सदियों से
राजकीय कन्या विद्यालय
के गेट पर!
पर उसमें एक बाँकपन था अजब-सा
जो बस उनमें ही होता है
जिनमें होती है क़ुव्वत
सब झेल जाने की
टस से मस हुए बिना!
हालाँकि उसकी आँखें उदास थीं,
ग़ौर से देखने पर डबडबाई भी लगती थीं,
पर कुल मिलाकर एक अजब बात थी उसमें
हम उसको सत्याग्रही कहा करते!
गर्मी अपना साहबी तेवर
झाड़ती ही जाती थी इस पर,
भूकम्प, दावानल,
बड़वानल भी उस पर ज़ोर आज़माते थे,

पर वह सह जाती थी
आदिम सत्याग्रह की मुद्रा में
बीच सड़क लेटी हुई!
बारिश की तड़ी से नहीं टूटी
आँधी-पानी और कुहासे का तबोताब झेल गई।
साइबेरिया से आया जाड़ा
कॉमरेड स्टालिन की नाक छूता हुआ,
पटक गया उस पर
अटल हिमशिला वक़्त की,
इस वक़्त का मान रखती हुई
दरकी थोड़ा-सा, पर टूटी नहीं!
टूटी वह अजब बात़ पर
एकदम से कसमसाकर!
ऐसा लगा जैसे
कोयल ही कूक गई ऐसे
कि छाती में उसकी छेद हो गया।
नेह-भरी फ़ासिल ही मसक गईं
उसकी शिराओं में
एक दिन अचानक
मान-भरी हवा जो चली
मंजरियों की ओट से
—सदियों से दबी हुई हूक जग गई।
बूढ़ी मेट्रन ने कहा हमसे धीरे से—
ऐसा ही होता है,
बेबात ही टूट जाती हैं चट्टानें
सबको चकितप्राण करती हुईं,
कोई नहीं जान पाता—
वे टूटीं तो क्योंकर और कैसे!

उत्तरायण-1

नहीं जानती,
मेरे जीवन का हासिल क्या!
मेरे वे सारे सम्बन्ध जो बन ही नहीं पाए,
वे मुलाक़ातें जो हुई ही नहीं,
वे रस्ते जो मुझसे छूट गए
या मैंने छोड़ दिए,
उढ़के दरवाज़े जो खोले नहीं मैंने,
शब्द जो उचारे नहीं
और प्रस्ताव जो विचारे नहीं—
मेरे सगे थे वही, जिनकी मैं सगी न हुई!
करते हैं मेरी परिचर्या इस घने जंगल में वे ही
जब आधी रात को
फूलती है वह कुमुदिनी
मेरी हताहत शिराओं में और टूट जाती है नींद!
एक पक्षी चीख़ता है कहीं विरहदग्ध!
आसमान भी किसी आहत जटायु-सा
बस गिरा ही चाहता है
मरे कन्धों पर,
और उमड़ता है हृदय में सन्नाटा
प्रलयमेघ-सा!

उत्तरायण-2

वैसे तो वक़्त ने हमें कहीं का नहीं छोड़ा—
न घर का न घाट का,
फिर भी मुझे कल्पना करना
अच्छा लगता है
कि मैं कहीं की हूँ
और किसी की हूँ—
        ज्यामिति की कक्षा में
        कहती थी सरिता मैडम,
        'कल्पना करो ए बी सी एक त्रिभुज है'
        यह बात घर कर गई मन में
        ज़िन्दगी-भर मैंने और कुछ किया ही नहीं
        बस कल्पना ही की—
ए बी सी एक त्रिभुज है—
इस त्रिभुज के एक छोर पर घर है,
एक छोर पर दुनिया
तीसरे पर एक जंगल
और त्रिभुज के बीचोबीच कोई है
जो मुझको जानता है ठीक से
ज़िन्दगी-भर साथ-साथ चले
सोचते हुए
ख़ुद को बदलते हुए हम बदल देंगे दुनिया,

हम गढ़ेंगे ऐसी दुनिया
हवा जहाँ हल्की होगी
उड़ते क़दमों से चलती हुई
पानी भी रलमल बहेगा,
आग धमनियों में बहेगी
पर इतनी मीठी
कि उस पर धीरे-धीरे शकरकन्द पक सकेंगे
माटी से गन्ध उठेगी
हल्की बारिश की
कहीं कोई धुआँ नहीं होगा—
न आकाश में, न ही रिश्तों में,
साझी होगी धरती, सबकुछ सबका होगा
एक एहसास भर रहा
कि त्रिभुज के केन्द्र में कोई बैठा है,
पर उसकी सूरत नज़र ही नहीं आई,
किसी फ्रेम में बन्दा अँट ही नहीं पाया
बादल-बादल जैसी थी उसकी सूरत।
सो मैंने बादल के साये में एक पेड़ बोया
ठीक-ठाक पेड़ तो नहीं
एक क़लम बोयी
उस पेड़ की
जिससे मेरी अपनी बुआ की बुआ की बुआ की शादी हुई थी
ढाई सौ बरस पहले!
घर मेरा ऐसा जहाँ
कन्या तो थी लेकिन
इस कन्यादान की दक्षिणा बराबर पैसे नहीं थे तो
नारायण रूप में यह पेड़ ही वरा गया।
बाक़ी सब कूच कर गया

लेकिन यह टिका रहा
कासा बियानका के धैर्य से!
चार पीढ़ियों की कन्याओं के
वानप्रस्थ का ये ही साक्षी बना।

जब मेरा वानप्रस्थ आया
मैंने इसी पेड़ से की जिज्ञासा—
"हे पेड़ बाबा
वैसे तो कई योजनाएँ
मैंने और उस अनाम प्रेमी ने
मिल-जुलकर ऐसी बनाईं
कि जिनसे दुनिया सँवर सकती थी,
प्राणपण से आज़माई
और लोग भी आज़माए
जो दुनिया से नफ़रत,
हिकारत,
जहालत मिटा सकते थे,
आदमी से आदमी की तरह पेश आ सकते थे
बाँट सकते थे बराबर
अवसर और संसाधन।
सबको सिखाया गया था
अलग-अलग भाषाओं में—
'बाँट चोट खाई, गंगा नहाई'!
पूर्वज अपने किसान रहे होंगे
जो बोया सो काटा का तर्क
वे समझते होंगे
इसीलिए हरदम ताकीद करते रहे
इन कहावतों से!"

हर बार जब भी मैं फेर में पड़ी
मैंने इसी पेड़ से पूछा
जिसके बारे में कहते हैं
कि यह भी क़लम था कभी
उस पेड़ का
जिसके नीचे कुरुक्षेत्र में बिछी थी शरशय्या
भीष्म पितामह की।

यह महाभारत का साक्षी रहा था
सो अब भी उसकी भाषा बोलता था।
खसखसाती-सी
निकलती थी आवाज़ पत्तों से
हर हवा के झोंके पर।
मैंने जब पूछा कि दुनिया में कौन सगा?
मेरे इस प्रश्न पर
कुछ देर तो वह मौन ही रहा
फिर तेज़ आँधी की आवाज़ में
सूखे पत्ते बिखेरता बोला—
सगा तो वो ही
जो कि कुछ भी नहीं बोला
पर साथ बना रहा
मंथर गति से चलता, आगे बढ़ता जैसे
युद्धभूमि में हाथी बढ़ता है
बौझार तीरों की हर तरफ़ से झेलता।

उत्तरायण-3

घाट की सीढ़ियों पर उतार दी
देह की चप्पल
और धीरे-धीरे उतर ही गई
पानियों में!
पानी की आँखें नहीं थीं,
अनगिन लहरिल पंख थे!
अक्सर ही होता है ऐसा—
जब तक आँखें रहती हैं क़ायम,
डैने नहीं उगते!
किससे कहूँ कि वह भँवर नहीं था,
मेरी नाभि थी,
और यह पुनर्जन्म था!
कोई भी डूब
होती ही है पुनर्जन्म, है न!
स्मृतियाँ भी पानी,
सपने पानी-पानी,
पानी की बाँहें नूरानी
आपको जकड़कर डुबा ही लेती हैं
अपने घनेरे आवर्तों में!
तो यह मेरा भी पुनर्जन्म था
और वह भँवर नहीं था,

मेरी नाभि थी!
अभी-अभी जन्मी थी मैं
नाल अभी कटी नहीं थी—
जीवन कट जाने के बाद तलक!
डूबीं जो नौकाएँ मुझमें—
नाभिनाल का उनसे रिश्ता था—
तब ही तो डूबने चली आई थी
मेरे अनन्त चक्र में!

उत्तरायण-4

न सोई, न जागी,
न ठहरी, न भागी,
बस उठकर बैठ गई!
अपने झमेलों की झाड़न बनाई,
झाड़ने लगी धूल क़ायदों से,
वायदों से!
रिश्तों के बाड़ों से लेकर उधार
ये कुछ महीन तार
एक बड़ा जूना तैयार किया
और रगड़कर साफ़ करने लगी
जले हुए दिल का भगौना!
जन्मों की काली कमली धोई
बदलियों के झाग से।
जब थककर चूर हो गई
और निढाल भूख से—
एक पुरातन पेड़ से तोड़ी इमली,
यादों ने खट-मिट्ठी चटनी ली पीस,
फाँक गई उसके सहारे ही
भड़भूँजे की सोंधी हाँड़ी से छिटके
साल-महीने-दिन
और पल-छिन!

उत्तरायण-5

उस दिन मैं कितनी छोटी पड़ गई थी—
एक बीज के खोल में समा जाने के लायक़!
वो तो भला हो कि बोली टिटिहरी
और मैं चटकने लगी, बढ़ने लगी पत्ती-पत्ती,
उस दिन बहुत रूखी मैं पड़ गई थी
प्यास से टटायी हुई जीभ जितनी!
वो तो भला हो कि ऐ दादुर,
तुम ताज़ा कीचड़ की गन्ध लिये घर में घुसे
और फिर घुमड़ने लगीं बदलियाँ मेरी साँसों में!
उस दिन कैसे तो मैं जाम ही हो गई थी
—जंगा गई थी जैसे कोई खिलौना गाड़ी,
वो तो भला हो कि पटक गया बच्चा
और ब्रह्मांड कभी छिटका था जैसे एक अगिन गोले से—
मैं पर्चा-पर्चा छिटककर अनन्त हुई!

उत्तरायण-6

नाम तो था पहलेजा,
पर लोग जाते थे पहलेजा घाट
मौत के घाट उतर जाने के बाद!
धू-धू जलती थीं चिताएँ वहाँ
जैसे कि जल्दी में हों!
टोपी, छड़ी और झोला ले
जैसे कि जाते थे मीटिंग में कांग्रेसी
एकदम से दनदनाते हुए
लोग चले जाते थे
जीवन के पार!
जाने के पहले जैसा कि होता है—
एकदम से अफरा-तफरी मच जाती थी—
खो जाता था उनसे वो ही आवेदन
जो लेकर जाना ज़रूरी हो—
देह का गत्ता उलट देना होता था
तब जाकर मिलता वो
कोने में छुपा पड़ा—
आवेदन आदिम तृष्णाओं का
जन्मों से ख़ारिज!

प्रेम इंटरनेट पर

प्रेम

कुछ तो हो—कोई पत्ता तो कहीं डोले
कोई तो बात होनी चाहिए ज़िन्दगी में अब—
बोलने में समझने-जैसी कोई बात,
चलने में पहुँचने-जैसी,
करने में कुछ हो जाने-जैसी तरंग!
सुनती हूँ, यह प्रेम में ही सम्भव है।
प्रेम में ही सम्भव है करना
हर सरहद पार!

प्रेम से बड़ी हैं प्रेम की कहानियाँ,
प्रेम के या ख़ुदा के बारे में सबसे
ख़ूबसूरत बात ये ही है :
आदमी ने गढ़ा उनको या उन्होंने आदमी को—
ताल ठोंककर आप कह ही नहीं सकते।

जिसने भी जिसको गढ़ा हो—इससे क्या!
कल्पना ही यह सुन्दर है कि—
कुछ तो गढ़ा जाए,
कुछ तो हो...
कोई पत्ता तो कहीं डोले
कोई तो बात होनी चाहिए ज़िन्दगी में अब

बोलने में समझने-जैसी कोई बात,
चलने में पहुँचने-जैसी,
करने में कुछ हो-जाने जैसी तरंग!
सुनती हूँ, यह प्रेम में ही सम्भव है!

प्रेम इंटरनेट पर

शास्त्रीय प्रेमियों की तरह
मनोयोगपूर्वक
दबा नहीं सकता वह मेरा सर,
गूँथ नहीं सकता मेरी चोटी,
मटके में पानी भी भरवा नहीं सकता,
हाँ, मल नहीं सकता भेंगरिया के पत्ते
मेरी बिवाइयों पर,
पर वह हँसा सकता है मुझको
मेरे विकटतम क्षणों में
अच्छे चुटकुले भेजकर!

फ़ॉरवर्ड कर सकता है भास्वर अंश मुझको
कितनी नायाब किताबों से,
ले सकता है मॉक-इंटरव्यू
असली वाली अन्तर्वीक्षा के पहले!
मुझको सलाहें दे सकता है,
मोती लुटा सकता है मुझ पर
चुस्त फ़ब्तियों के,
दोष गिना सकता है मेरे
मस्ताना निरपेक्षता से!
राममोहन राय और ईश्वरचन्द्र विद्यासागर,

कार्वे और ज्योतिबा फुले वाले धीरज से
वह चला सकता है आन्दोलन
मेरे ही नवजागरण को निवेदित!

एक ठठेरे वाली दत्तचित्तता से
वह कर सकता है पच्चीकारी
मेरे वजूद के दरके भाँड़े पर!
घर में बहुत भीड़-भाड़ अगर हो तो
रह सकता है सात पर्दों में क़ाबिल ऐयार की तरह!
बिजली-बिल खो जाए मेरा तो
लाल बुझक्कड़ वाली मग्न क्षिप्रता से
कह सकता है मूँदकर आँखें—
"देखो तो चौके के टेबुल की बाईं तरफ़ की
किताबों पर, कल जब तुम छौंक रही थी सब्ज़ी
और उद्धरण मुझको सुना रही थी उन किताबों से,
बिजली का टैरिफ़ बढ़ जाने पर
नाक धुनी थी तुमने
एक ब्रेक-सा बीच में लेकर!"

जब भी मेरी नौकरी छूटे,
जब मुझको मार पड़े,
या गालियों की घटा घुमड़े
या फिर लथेड़ लिया जाए मुझे
कीचड़ में बीच सड़क—
वह मुझको कर सकता है एक एस.एम.एस. ऐसा
जो मेरे डूबते हुए मन को एक ही झपाके में
रहट की तरह ऊपर खींचे!

बातें भी हो सकती हैं उड़नखटोला

और शब्द हो सकते हैं फ़ारस का घोड़ा—
ये उसकी बातों ने मुझको सिखाया!

एक दिन मुझसे कहा उसने—
"प्राचीन वेल्श में हरवाहे
बैलों की मनुहार करते हुए
चलते थे बैलों के आगे,
झुक-झुककर, गाते-बजाते हुए वे चलते थे
कि बैल हो लें प्रसन्न
और खेत में प्रफुल्ल क़दमों से उड़ते हुए-से चलें!
मिट्टी पर उड़ते हुए क़दमों से
बैलों का चलना,
मीठी फ़सल देता है, अजी मोहतरमा!
बैलों के साथ हो ज़बर्दस्ती तो
मिट्टी जाती है रूठ!
जिसके भी कन्धे जुआ हों,
मनुहार उसका है वाजिब, बिलकुल वाजिब, है न?"

पुरुष मित्र

नानी कहती थी कि सम्भव है सिर्फ़ कल्पना में
पुरुष-मित्र, खरहे के सींग और गूलर का फूल!
सुखद कल्पना है ये दोस्ती घास से घोड़े की,
कैसे कर सकते हैं मैत्री कदली-वन से वानर,
निभ ही नहीं सकती आग से तिनके की दोस्ती!

पूरे चालीस बरस मैं भी आश्वस्त रही,
नानी है, ग़लत क्यों कहेगी!
आधा जीवन यों ही सिहरते-सिमटते हुए बीता,
बचपन तो बीता ही, बीती जवानी भी
            गर्दन नवाए, आँखें झुकाए!
कक्षा में भी लड़कियाँ
शिक्षकों के पीछे पंक्तिबद्ध आतीं
और सामने की सीटों पर यों आधी ही टिकी हुई बैठतीं
जैसे कि चिड़ियों का झुंड किसी बाड़े पर—
ये उड़ी, वो उड़ी-सी, उठल्लू, बिलल्ला,
आहट की एक रेफ पर
फुर्फुरमफुर्रफुरमफुर्र!

फिर मुझको टूम मिला और तीन साल के
गुप्त रिहर्सल का नतीजा ये कि

मैंने हिम्मत कर नानी को बता दिया—
"एक पुरुष मित्र है मेरा, नन्ना,
वो मुझको वेल्श में मिला
ऐन रंगमंच पर जब हमसे बोले निर्देशक—
'हाथ थामकर खड़ी हो जाएँ
दुनिया की सारी भाषाएँ,
तड़प-भरी चुप्पी के चारों तरफ़ एक गोला बनाएँ
और गाएँ—जोई-सोई कुछ भी!
जोई-सोई कुछ भी गाना और गाते चले जाना
प्रेम की सरलतम परिभाषा है शायद यही!'

वेल्श उसकी मेरी हिन्दी के पास ही खड़ी थी,
हाथ मेरी हिन्दी का थामना था उसे!
हाथ थामते वो घबराया और मैं भी घबराई—
एक सतह पर भूँजा फाँकते हुए अब हम बैठे थे!
अब भी वह इंटरनेट पर टकरा जाता है और
खुलकर अपने दुख-सुख बतियाता है,
मित्र नहीं, नन्ना, तो वह मेरा क्या है?
इस बात पर नन्ना मुस्का दी
और मुझे मिल गया वीजा
एक नए उर्वर प्रदेश का!

रोबट प्रेमी

रोज़ वह नियत समय पर जगता है!
चाय की ट्रे में सजाकर दो फूल
एक तरह के, लाता है,
एक ही तरह से, पर मीठा मुस्काता है
कोई बात नहीं टालता,
कान्तासम्मत उपदेशों से
रखता है मुझको निहाल।
पर मुझसे रूठ नहीं सकता वो, यही है मलाल!
छोड़कर चला जाएगा, इस
चिन्ता में मेरी साँस
वह नहीं घोंट सकता,
मुझमें जगा ही नहीं सकता
साध पात्रता की।
क्या जाने कैसे पुराने पुरुख
गुड़िया-पत्नी चाहते थे,
मुझको नहीं चाहिए ऐसा गुड्डा
जो मेरा उचकुन न बन पाए
मुझमें सुलगा ही नहीं पाए
प्यास विकास-यात्रा की
और प्रेम के योग्य बनी रहूँ—
ऐसी तड़प पात्रता की!

रेखा दी और उनका एल.आई.सी. एजेंट

पुरोवाक् : रेखा दी बला की सुन्दर आकाशी जीव हैं। शादी उन्होंने अब तक नहीं की और ठीक ही किया कि नहीं की जिससे-तिससे कर लेने से अच्छा अकेला रहना नहीं क्या?

एक सरल रेखा थीं रेखा दी
ज्यामिति के हिसाब से जिसकी परिभाषा होती है—
लघुतम दूरी
        किन्हीं दो बिन्दुओं के
        बीच की!
वे दो बिन्दु क्या थे
        जिनके बीच की
        लघुतम दूरी थीं
        रेखा दी—
ये मैं नहीं जानती!
सिर्फ़ इतना जानती हूँ,
        वे बेहद सीधी थीं :
इतनी सीधी और भावुक भी इतनी
कि उनको एक दिन लगा—
        एल.आई.सी. एजेंट ही
अपना सच्चा प्रेमी,
बोलीं, "अनामिका,

तुम तो पढ़ाती हो साहित्य,
बोलो ज़रा।
इस उमर में भी क्या
मुझसे हो सकता है
प्रेम किसी को सच्चा?
परेशान हूँ मैं तो कई दिनों से—
एक आदमी है भला-सा—
मुझे देखते ही
दूर से वह दौड़ा चला आता है—
भावविभोर और बेहाल।
रोकता है रास्ता, करता है फ़रियाद,
हित-चिन्तन के प्रमाण देता है जाने कितने—
एक-पे-एक
टाल-पे-टाल
ऐसी है दत्तचित्तता उसकी,
इतना लवलीन दीखता है वो
जैसे कि मेरे बिना
डूब जाएगी उसकी नैया,
जीवन-भर साथ निभानेवाली पॉलिसियाँ देता है—
जीवन बीमा, जीवन-स्नेह, जीवन-साथी—
हर साँस में जीने-मरने का तत्वज्ञान—
और मुझे चाहिए भला क्या प्रमाण?"

मैंने कहा—"बिना देखे कहूँ क्या?
आप अगर आश्वस्त हैं तो
यह आपकी ख़ातिर उसका
निःस्वार्थ प्रेम ही होगा।"

थोड़ा खुजाया सिर, फिर बोलीं "निःस्वार्थ?

कभी-कभी लेकिन खटकता है यह सब—
थोड़ा ज़्यादा ही विनीत,
और जाने किससे भयभीत
लगातार वो दीखता है।
इतना विनीत और इतना भयभीत
कैसा लगेगा मनमीत?
अम्मा क्या सोचेगी,
क्या सोचेगा भैया—
बेकार ही इसको इतनी कहानियाँ सुनाई थीं
धीरप्रशान्त नायकों की—
इसने तो इतना अधीर और इतना अशान्त चुना प्रेमी।"

इस पर मैं हँसने लगी,
तो उन्होंने ख़ुद को ही मारी एक चपत :
"बहुत सोचती हूँ मैं," ख़ुद को ही डाँटा,
"इतना आगे-पीछे सोचा करनेवाला
क्या खाकर प्यार करेगा?
वह सिर्फ़ करवाएगा जीवन बीमा।
मुझको घुट्टी में पिलाया गया था—
'ऑनेस्टी इज़ द बेस्ट पॉलिसी'।
अब लगता है कि
यह 'ऑनेस्टी' भी होगी
एल.आई.सी. जैसी ही पॉलिसी—
गारंटी-पटरी पर दौड़ा करने की—
एकदम सुरक्षित।"

बेरोज़गारी में प्रेम

मेरे इन फेफड़ों में
प्लूरिसी का पानी
और सितारों की झक्की झिलमिल है!
ज़्यादा ही अर्जुन बनता है आसमान!
मेरी तकलीफ़ों से ज़्यादा सफ़ेद हैं गुलाब।
मुझे तीन घूँट चाँद चाहिए
और चार चप्पू अनार!
मेरे हाथों में वसन्त अभी है बाक़ी,
लेकिन मेरी आँखें
एकदम से बूढ़ी हो गई हैं!
मेरा अकेलापन मेरे नाख़ून की तरह बढ़ रहा है,
हालाँकि वह मेरे आस-पास रहती है,
लेकिन कई बार
सामने भी बैठी हो
तो वह दिखाई नहीं देती।
फिर पूरी की पूरी
जाती है कौंध
जैसे कि चिड़ियों का चम्बा।
शायद उसको मुझ पर दया आ गई है!
दूर-दूर से वह बटोरकर
लिये आती है

झड़बेरियाँ, फ़लसफ़े, उड़नखटोले!
एक दिन नीलकंठ देखा
और नाच गई!
स्कूली बच्चों-सा उसका उत्साह
और उदास आसमान
मिल-जुलकर
मुझको कर देते हैं घायल।
अजब-गजब खेलती है वह
टूटी हुई चूड़ियों के
और छोटे टुकड़े तोड़ती हुई
जपती है माला-सी—
'लव मी, लव मी नॉट।'
तोते-मैने गिनती रहती है
डालों पर,
ख़ुद को पढ़ाती हुई—
'वन फॉर सॉरो,
टू फॉर ज्वाय!'
पंखुड़ियाँ लिए-दिए
लाँघ बह गई हैं शताब्दियाँ
जैसे कि कविताएँ
अनुगूँजों के
चप्पुओं से,
यह मेरा दिल खे रही है।
प्रेम का बचपन समुन्दर है।

सफ़दरजंग अस्पताल का फ़्लाईओवर

घाव से आधा उखड़े हुए
बैंड-एड सा अकबकाया हुआ
और लाचार—
नहीं फ़्लाईओवर के नीचे के
इन प्रेमियों का संसार!
जैसे भी हैं, मस्त हैं—
ये नट, ये ठठेरे,
माटी की मूरतें उठाते कुम्हार,
तवे और चिमटे सिल्हाते लुहार!
जिस दिन नहीं भी जले चूल्हा,
एक ही झपोले में बैठे हुए
देखते हैं रात की बारिश
देखते हैं कैसे एक ही लय में बरसता है पानी
ठेले की केतली पर,
अस्पताल के गेट पर बिकती
'संजीवनी बूटी' की टोकरी पर
और उन आधी ही ढँकी हुई लाशों पर!
फिर जब कहीं दूर पकते हुए चावल की गन्ध
नथुनों में भर जाती है,
मॉर्चुरी की ओट लेते हैं
और लिपटकर सो जाते हैं!

आपै आपन पार

हमसे बेहतर हैं ये भुइले,
चींटियाँ, दूसरे मकोड़े
जो लाँघना चाहते तो हैं
उस नन्हे पत्ते का
अपना आधार
जो उनको लगता है
उनका संसार!
धीरे-धीरे वे हो भी जाते हैं
इस तंग सरहद के पार
जो दीखता है हमें
रेशम, मूँगा और मोती
वह उनका ही तो
घर-बार
जिसे छोड़कर वे निकल आए
निस्संग जोगी—
बैरागी प्रेमी की लय में
आपै आपन पार!

कारीगर

बैंजनी डुलाती रही मेरी दादी
चन्द्रमा की,
सात मोती-जड़ी
सिर झुकाए बाबा
कौर उठाते रहे,
अनमने-से, चुप-चुप खाते रहे,
न कुछ सराहा,
न कोई शिकायत की!
मुझे अटपटा जो लगा—
धीरे-से मैंने कहा,
"कभी तुम्हारा दिल नहीं चाहता,
मनुहार का?"
"बाबा तुम्हारा कलाकार है, बेटी,
पकिया कारीगर,
पहली शादी उसकी
अपने हुनर से ही है,
उसका हुनर ही
उसकी पटरानी है!
हरदम वह उसकी ही सोच में पड़ा रहता है,
कभी-कभी कश खींचना भूल जाता है
बीड़ी का

उसकी ही धुन में"
मैं भी दम भरती हूँ सोचकर
कि अभी-अभी पत्थर से फूटेंगी
सुन्दर आकृतियाँ!
छेनी चलाता हुआ बेरहम दीखता है वो,
जबकि तराश रहा होता है वह पत्थर,
करुणा से भरा लबालब!
सात ख़ून माफ़ हो जाते हैं
उसके
जो करुणा-कातर
होकर उठाता है छेनी,
तिनकता है पत्थर!

उपरान्त कथन

कविता प्रेम की मातृभाषा है

हाल-फ़िलहाल मेरे बेटे ने *न्यूयॉर्क टाइम्स* में प्रकाशित एक सच्ची प्रेम-कहानी मुझे भेजी! यह कहानी एक ऐसे सद्य:विवाहित जोड़े की है—शादी के एक रात पहले जिसे पता चलता है कि वर का कैंसर इतना फैल गया है कि पाँव काटने ही पड़ेंगे! छत पर जाकर वे पाँव का 'विदाई समारोह' मनाते हैं! घनिष्ठ मित्रों में एक हँसकर कहता है—"अब जब यह भी तुम्हें छोड़कर आन गाँव चला, एक बात तो अच्छी होगी—तुम जब भी कुछ करोगे, तुम्हें 'बहादुर' घोषित किया जाएगा!"

यह एक ख़ास तरह का कैंसर है जो अमरीका में प्रति वर्ष 800 लोगों को होता है और पाँच वर्षों तक 30 प्रतिशत लोग ही इसे झेल पाते हैं! जब यह सूचना लड़के को मिलती है, वह कहता है—"शुरुआती 30 प्रतिशत में तो किसी तरह मेहनत साधकर मैं हमेशा पहुँचता रहा हूँ।" उसी दिन वे विवाह कर लेते हैं जिस दिन पैर काटा जाना है! इसके बाद बहुत मार्मिक विवरण बहुत मज़े-मज़े में दिए गए हैं कि कैसे लड़की पीछे मुड़कर वहाँ देखती है जहाँ पहले वर का दाहिना पैर था फिर दाहिने पैर के सारे जूते बटोरकर आलमारी में छुपाती है!

उसके बाद एक सामुदायिक स्पेस की चर्चा है जहाँ 20-25 कमरे हैं, एक साझा चूल्हा है, एक साझा संगीत-कक्ष-कम ड्राइंगरूम! हर कमरे में एक जोड़ा है! यह एक ऐसे लोगों की टोली है जो 'ओसो' या 'अदर सिग्निफ़िकेंट अदर' (दूसरे सखा) का दर्शन पल्लवित कर रहे हैं ताकि सारे दायित्व जीवन-साथी के सिर ही न आ जाएँ! अलग-अलग भूमिका अलग-अलग सखा निभा लेता है—कोई साथ व्यायाम करता है, कोई कार्यालय की बकझक सुन लेता है, कोई दवा खिला देता है आदि-आदि! एक साथी

इस जोड़े को इस साझा स्पेस में खाने पर बुलाता है तो भविष्य की सोचकर कटे पाँवों वाला वह बड़का सैम किसी-किसी तरह पैसे जोड़कर वहीं एक कमरा ले लेता है! हँसमुख दोस्ताना रिश्तों पर टिके इस सामुदायिक जीवन का पहला लाभ कथावाचिका यों बाँचती है—"अब मुझे महीनों के प्रवास के लिए उसे अस्पताल छोड़ रोज़ अकेले पीत्जा-दगे कम्बल तक लौटना नहीं होता था! रोज़ अस्पताल से लौटने पर मुझे दोस्तों का एक पूरा समूह मिलता—चाय और ख़ुशगप्पियों के साथ!...सैम से मिलने भी इतने सारे लोग जाते!"

जब सैम के बाल कीमो-थेरेपी के असर से गिरने लगते, वह कहता है—"मैं नहीं चाहता कि अस्पताल का भोथरा उस्तरा मुझ पर चले या उल्टे उस्तरे से मैं मूड़ा जाऊँ तो तुम ही कुछ करो।"

पत्नी को उसके लाल बाल इतने पसन्द हैं कि उसे अकेले ऐसा करने की हिम्मत नहीं होती तो फिर 'अदर सिग्निफिकेंट अदर्स' की टोली आती है और सब समारोहपूर्वक इस केश-कर्तन, बल्कि मुंडन समारोह में हिस्सा लेते हैं।

ये होता है प्रेम-चित्तविस्तार का ख़ास इन्तज़ाम, आपसदारी का पूरा सूफ़ियाना सिलसिला—अलग-अलग शहरों में रहनेवाले 'रीमोट कंट्रोल प्रेमी' भी जिसे पूरी निष्ठा और जाँबाज़ी से निभाते हैं! अगर 'पार्टनर' किसी काम में लगा हो तो उसके सर पर सवार न होकर उसे पूरा ब्रीदिंग स्पेस देनेवाला यह प्रेम है तो अनूठा ही जिसके बारे में सोचते हुए मुझे अपना ज़माना भी याद आ जाता है।

क्या चोट मीठी भी हो सकती है?

'अशोक के फूल' शीर्षक ललित निबन्ध में आचार्य हजारीप्रसाद द्विवेदी जिस मदनोत्सव की चर्चा करते हैं, उसमें नुपूरसज्जित पाँवों से सुन्दरियाँ अशोक के तने पर मीठा प्रहार करती थीं। अपने पिता डॉ. श्यामनन्दन किशोर की मेज़ से उठाकर बारह-तेरह वर्ष की उम्र में मैंने यह निबन्ध पढ़ा था तो इसकी व्याप्ति सहसा समझ में नहीं आई थी। यह मीठा प्रहार

क्या होगा और क्यों? ठोकर क्या मीठी भी हो सकती है? देर तक सोचती रही थी और मीठे प्रहार का अर्थ खुला तब जब एक दिन ग्वाले को मटके में दूध दुहते देखा। दूध की धार मीठी चोट देती है। ऐसी ठोकर ज़मीन को कत्थक नृत्य की नृत्यांगनाएँ देती हैं और वर्षा की बूँदें, साहित्य देता है मन को और प्रेम आत्मा को। अशोक तो अशोक, शोक भी हज़ार पंखुड़ियों में चटककर खिले, ऐसी मीठी ठोकर देता है प्रेम!

'उसने कहा था' शीर्षक कहानी में इन्द्रियाँ ठोकरें देती हैं चेतना को जब किशोर लहना सिंह ननिहाल जाता है और वहाँ अमृतसर के पास के उस छोटे से गाँव में दही की दुकान पर उसे वह शर्मीली-सी लड़की दीखती है जिससे वह सहसा पूछ बैठता है—'तेरी कुड़माई (सगाई) हो गई?' दो छुट्टियों में वह 'धत्त' कहकर भाग जाती है और फिर वह छुट्टी भी आती है जब लाल शालू पहने हुए वह कहती है, 'हाँ, हो गई।' और लहना सिंह पर एक पहाड़ टूट पड़ता है। घर लौटते हुए वह सड़क की सब चीज़ों को ठोकरें मारता चलता है और सीधा जाकर भर्ती हो जाता है सेना में। प्रथम विश्वयुद्ध के लिए गाँव-गाँव से जवान भर्ती किए जा रहे हैं। जान हथेली पर लेकर वह लड़ता है। एक बार घायल अवस्था में प्यास का मारा हुआ वह मोर्चे के निकटवर्ती गाँव के एक घर पर दस्तक देता है। दरवाज़ा कौन खोलता है वहाँ? वही शालू वाली लड़की। वह भी उसे पहचानकर उसकी ख़ातिर करती है। दीवार पर उसके पति की तस्वीर टँगी है। बातचीत में यह पता चलता है कि वह भी उसी बटैलियन में है जिसमें लहना सिंह। अकुलाकर वह कहती है कि 'तुम उनका ख़याल रखना!' कहानी का अन्त होता है इस महान दृश्य पर : उसके पति पर जब गोली चलती है, लहना सिंह सामने आ जाता है। अन्तिम साँसें लेता हुआ वह प्रसन्न है कि उसने उसकी बात का मान रख लिया, उसने कहा था कि उन्हें देखना!

कथासार और पूरी कहानी में उतना ही फ़र्क़ है जितना वास्तविक प्रेम और प्रेमाभास में। मन पर यह मार्मिक प्रसंग, विश्वास की जीत का यह महीन सन्दर्भ कैसी आप्लावनकारी मीठी चोटें देता है, यह तो आपको मूल कथा के तट पर जाकर, उसमें डूबकर ही पता चलेगा। कथासार बस पूर्वराग जगाने का ही काम कर सकते हैं। जायसीकृत 'पद्मावत' में हिरामन तोता

(गुरु) रतनसेन (आत्मा) के मन में 'पद्मावत' (परमात्मा) के लिए पूर्वराग कैसे जगाता है? पद्मावती के अद्‌भुत रूप-वैभव के मगन गायन से। उसके रूप की चर्चा रतनसेन सुनता ही रहता है, बाद में चित्रकार उसे उसकी तस्वीर दिखाता है और चित्त के आकाश पर पूर्वराग की लाली फैल जाती है, प्रेम के पूर्वाभास की लाली, प्रेमाभास की लाली—'जित देखौ तित लाल'!

ऐसी स्थिति में चित्त उच्चाशय तो होगा ही। कोई काम ऐसा न करें जो 'उसकी' आँखों से मुझे गिरा दे। उसका व्यक्तित्व इतना आप्लावनकारी यानी अभिभूत करनेवाला है—हम अपना नैतिक क़द ऊँचा करेंगे, उसके योग्य बनेंगे तब तो प्रेम प्रेम होगा, एक अनन्य बराबरी और अन्योन्याश्रय का नाता—राधा और कृष्ण का नाता, पार्वती-शिव वाला नाता, वरना दास्य भक्ति ही करनी पड़ेगी, मिलेगी तो कृपा मिलेगी या दयादृष्टि और चित्त उत्सव की इस दशा में भी नहीं पहुँचेगा—'नैन नचाय कह्यो मुस्काय, लला अब आवहुं खेलन होरी।'

रंग क्या हैं? चित्त की अलग-अलग अवस्थाएँ ही। चित्त के विकास में बैक-गीयर के कई इन्तज़ाम हैं। निर्बाध नहीं है यह यात्रा।...लेकिन किसी तरह यह जो पूरी हो गई तो मदनोत्सव की स्थिति घिर आएगी। उस 'परम होली' के योग्य आप हो पाएँगे। आख़िर चार पुरुषार्थों में एक पुरुषार्थ (और स्त्रियार्थ) काम भी तो है। धर्म-अर्थ-काम-मोक्ष। कामना का रंग जाने बिना मोक्ष का रंग पहचानना भी कठिन है। पर कामना होती ही है उबर आने के लिए, फँसकर रह जाने के लिए नहीं। सच्चा प्रेम कामना जगाता है और वही उसे ऊपर भी उँगली पकड़कर ले जाता है—जैसे 'द डिवाइन कॉमेडी' में बिएट्रिस दांते की उँगली पकड़कर ले जाती है, वही बिएट्रिस जिसकी बस एक झलक उसने देखी थी और वही झलक उसको जीवन-भर स्पन्दित किए रहती है : 'उम्र-भर एक मुलाक़ात चली आती है।' यह एक बड़ा सच तो है ही!

यह तो हुआ प्रेम का क्लासिकल रंग। अब उसके आधुनिक रूप पर आते हैं। अब प्रेम समाधि की क्लासिकल स्थिति तक क्यों नहीं आ पाता? सम्बन्ध इतनी जल्दी अपना प्रकाश क्यों खो देते हैं? जिसको आपने अपना सर्वस्व अर्पित किया, जिससे आप इतने दिन इतने स्पन्दित रहे, उससे आपका

जी उचट जाए, यह एक भयावह स्थिति है। निराला इसी का संकेत करते हुए कहते हैं : 'सुख का दिन डूबे डूब जाए, तुमसे न सहज मन ऊब जाए।' अफरा-तफरी इसका मूल कारण लगता है। आधुनिक जीवन आप में ऐसी चाबी भरता है कि आप प्लास्टिक की पटरियों पर दौड़नेवाली खिलौना-रेलगाड़ी (टॉय ट्रेन) हो जाते हैं। लगातार एक छुक-छुक, धुक-धुक-सी आपके जी को लगी रहती है। ऐसी स्थिति में पड़े व्यक्ति में सही चुनाव का धैर्य कहाँ, जाँचने-परखने का धैर्य कहाँ, कहाँ यह इंट्यूटिव विवेक कि ये जो सामने खड़ा मुझको लुभा रहा है, उससे मेरा तत्त्वगत साम्य बनता है या नहीं।

तत्त्वगत साम्य के बिना तो नेह सुस्थिर हो ही नहीं सकता। किशोरावस्था (और युवावस्था में भी) एक ख़ास तरह का आध्यात्मिक और शारीरिक अकेलापन मनुष्य को परेशान करता ही है। एक सन्धान-सा जारी रहता ही है मन में और अफरा-तफरी का जीवन, ढेर सारी जाँच-परीक्षाओं और प्रतियोगिताओं से घिरा हुआ क्लान्त-कातर जीवन इतना धीरज नहीं जगा पाता कि रुककर जाँचे-परखे कि सामने खड़ा व्यक्ति मेरी तरह का है कि नहीं : 'हम एक-दूसरे के साथ मिलकर शान्त-प्रसन्न भाव से जीवन-जगत के महत कार्य पूरे कर पाएँगे कि नहीं?' मूल प्रश्न यह है कि बाहरी व्यक्तित्व की चमक-दमक कुछ लोगों में नैसर्गिक होती है। कुछ लोगों पर प्रकृति विशेष मेहरबान होती है, स्कूल-कॉलेज या किसी लोक-वृत्त में लोग उसे हमेशा घेरे खड़े रहते हैं। सबके सपनों पर उसका साम्राज्य फैल जाता है। इसके दो तरह के परिणाम सम्भव होते हैं। सुन्दर व्यक्ति अगर ओछा हुआ तो वह फूलकर कुप्पा हो जाता है, स्वार्थ और अहंकार उसमें विष की तरह फैल जाता है और उसकी नीचता में बढ़ोतरी ही होती है। वह 'विषकुम्भ पयोमुखम्' की स्थिति में भी जा पहुँचता है। स्वभावत: उसके आकर्षण-पाश में फँसा व्यक्ति शीघ्र ही उससे निरासक्त भी हो जाता है और किसी अन्य सन्धान/शिकार की ओर प्रवृत्त।

आकर्षक व्यक्ति अगर निर्मल चित्त का है और सहज स्नेही है तो इतने सारे प्रेम-निवेदन झेलता-झेलता वह बेहद-बेहद अकेला हो जाता है। सहज संकोच और असमंजस उसके चित्त का हिस्सा हो जाते हैं। उसे समझ नहीं आता कि वह कैसे इन सबको टाले, क्या उपाय आज़माए कि प्रणय

निवेदन करनेवाले के मन को चोट न लगे और वह किनारे भी हो जाए। उसे अपने पाए का जल्दी दिखता नहीं और जो राह में आँखें बिछाए दिखाई देते हैं, उन पर उसे प्रेम से ज़्यादा दया ही उमड़ती है। वह संस्कारवान है तो उसकी मानवीय गरिमा की रक्षा करना उसे ज़रूरी लगता है। प्रेम-निवेदन करनेवाले की स्थिति के प्रति उसके मन में सहानुभूति उमड़ती है! उसकी बेहतरी के लिए वह हर सम्भव प्रयत्न भी करता है। पर प्रेम? प्रेम तो ऐसी विराट उमड़न है जो गहरे सम्मान से ही फूटती है। और गिड़गिड़ानेवाला व्यक्ति स्वयं का ही सम्मान नहीं करता तो दूसरों का सम्मान पाएगा कैसे?

हाथ में गुलाब का फूल लिये चौराहों पर खड़े 'वैलेंटाइन' संत वैलेंटाइन की गरिमा से अक्सर महरूम ही रह जाते हैं, क्योंकि उनकी मुद्रा प्रेम-सन्देसा बाँटनेवाले सूफ़ी संत की न होकर चिड़ियाफँसाऊ चिड़ीमार जैसी हो जाती है। जीवन-भर साथ निभानेवाला संकल्प एक गरिमामय संकल्प है और 'रात गई बात गई' वाले भाव से मज़े के लिए एक सेक्स पार्टनर ढूँढ़ना एक परम यांत्रिक कृत्य। किसी के शरीर को पेप्सी कोला की बोतल समझना, उसे 'यूज एंड थ्रो' की स्थिति में डाल देना या देह का रिश्वत के रूप में उपयोग—ये तीन ऐसे ओछे कृत्य हैं जिनसे प्रेम के नाम पर उछल-कूद मचानेवालों को सावधान रहना चाहिए।

कई युवक ऐसा भी मानते हैं कि दोनों पार्टनर राज़ी हों तो प्रतिबद्धता के घेरे के बाहर भी यौन-कर्म शोषणमूलक नहीं माना जा सकता। यही एक ऐसा तर्क है जिस पर मैं सहसा कुछ कह नहीं सकती इसके सिवा कि ओस चाटने से प्यास कहाँ बुझ पाती है। विशुद्ध दैहिक लटर-पटर ओस चाटने जैसा ही कर्म है। गहरे मानसिक तादात्म्य के बाद दोनों पक्षों के बीच घटा शारीरिक तादात्म्य अधिक सुखकर होता है। अक्सर इस इतनी बड़ी धरती पर कोई एक ही ऐसा होता है जो आपकी टक्कर का हो, जिसका साथ आपको आजन्म मगन रख पाए।

अन्धी स्पर्धा, अनादर, उपेक्षा की मारी हुई इस दुनिया में स्नेह और सद्भाव के पात्र तो सब ही हैं और होने भी चाहिए, मगर प्रेम एक विशिष्ट भाव है, बकौल ग़ालिब, 'एक आतिश जो लगाए न लगे और बुझाए न बुझे'—ग़ौर करने की बात यह भी है!

संयमी व्यक्ति ही सच्चा प्रेमी बन सकता है। आप जिसके लिए जितना बड़ा त्याग कर सकते हैं, उससे आपका प्रेम उतना ज़्यादा माना जाएगा। माताएँ इसमें बाजी मार लेती हैं, पर वह दूसरी तरह का प्रेम है, सबसे उदात्त क़िस्म का स्नेह जो आपसे कभी कुछ भी नहीं चाहता, कोई प्रतिदान नहीं माँगता, महँगे उपहार तो बिलकुल नहीं। उपहार की सभी बड़ी कम्पनियाँ सारे त्योहार ले उड़ी हैं और विकट प्रचार-तंत्र द्वारा उन्हें उपहारों के विराट क्रय-विक्रय का ज़रिया बना दिया है। जो जितना बड़ा उपहार लाए, वह उतना बड़ा प्रेमी होगा, इससे बड़ी हास्यास्पद स्थिति और क्या हो सकती है भला!

सेंट वैलेंटाइन तो मोर्चे पर युद्ध लड़नेवाले सैनिकों का प्रेम सन्देशा उनकी पत्नियों, प्रेमियों तक ले जाते थे, एकदम निःशुल्क। शुद्ध भाव और लोकमंगल की भावना इस संचरण के पीछे होती थी। और आज के ज़माने में सुनते हैं कि 'देयर इज नो फ्री लंच'। इस फ्री लंच में देह का अवमूल्यन पेप्सी कोला की तरह होने देंगे क्या—'बाइ वन गेट वन फ्री?' सोचने की बात है!

प्रेम का इन्द्रधनुष

कोयल कूकती है, पपीहा पिहकता है, मोर नाचते हैं, कबूतर एक-दूसरे के पंख खुजाते हैं, हिरण मुग्ध नयनों से देखते हैं एक-दूसरे को तो एक ही तरह से, पर मनुष्य की प्रेमाभिव्यक्ति के रंग अलग-अलग होते हैं—स्त्री की अभिव्यक्ति पुरुष से अलग, वृद्ध दम्पती की पृथक्, विवाहित-अविवाहित जोड़ों की अलग-अलग। देश-काल और व्यक्तित्व की अन्तर्धाराएँ भी इन अभिव्यक्तियों को अलग तरह का बाँकपन देती हैं! तभी तो मिथकीय गढ़न्तों की प्रेमाभिव्यक्ति के रंग भी अलग-अलग हैं। महादेव और पार्वती की प्रेमाभिव्यक्ति का एक रंग वह है, जो कालिदास 'कुमारसम्भव' में अद्भुत लालित्य के साथ व्यंजित करते हैं। दूसरा रंग लोकाख्यानों में मौजूद है और विद्यापति के यहाँ! राम के पत्नी-प्रेम को लेकर बहुतेरी आशंकाएँ उठती हैं, पर कालिदास ने उसकी अभिव्यक्ति के भी अनेक आयाम 'रघुवंशम्' में

उकेरे हैं, और राधा-कृष्ण के प्रेमाख्यानों में व्यंजित अभिव्यक्ति तो इन्द्रधनुषी है ही।

आदिकाल से लेकर विश्वायन के पिछले बीस वर्षों में प्रेमाभिव्यक्ति के सत्तावन रंग टटोले जाएँ, तो एक यह बात सर्वसम्मति से स्वीकार ली जाएगी कि भक्ति की तरह प्रेम भी अन्तरंग स्पेस में बजनेवाली चैन की बाँसुरी न रहकर पब्लिक स्पेस में बजनेवाला नगाड़ा हो गया है। डंके की चोट पर, यानी (पायल नहीं) घुँघरू ठनकाकर तो मीरा ने भी पितृसत्ता और राज्यसत्ता दोनों को ठेंगे पर रखा था और गोविन्द के प्रति अपने एकनिष्ठ प्रेम की ऊर्ध्वबाहु उद्घोषणा की थी—'मेरे तो गिरधर गोपाल, दूसरो न कोई', पर लौकिक प्रेम की ऐसी प्रगल्भ उद्घोषणा कि—'खुल्लमखुल्ला प्यार करेंगे हम दोनों', जिन मनःसामाजिक स्थितियों की देन है, उसका अन्दाज़ा भला किसको नहीं है!

सूचना-समाज में प्रेम एक सूचना है, आज़ादी एक ब्रांड। महँगे उपहार प्रेम की गहराई के सूचक हो गए हैं। बावजूद इसके 'प्रेम न खेतौ ऊपजै, प्रेम न हाट बिकाई' वाली बात जस-की-तस है। सेक्स ख़रीदा जा सकता है, प्रेम नहीं। ठीक वैसे ही जैसे सुविधाएँ ख़रीदी जा सकती हैं—आनन्द और शान्ति नहीं! प्रेम के लिए प्रेम के योग्य होना पड़ता है।

काम-क्रोध या लोभ से सताए हुए व्यक्ति से प्रेम कर पाना अत्यन्त कठिन है, उस पर करुणा की जा सकती है, उसे माफ़ भी किया जा सकता है, उस पर स्नेह या ममता बरसाई जा सकती है, पर प्रेम? वह ऐसा शहंशाह है जो किसी की नहीं सुनता। उस पर कोई ज़बर्दस्ती नहीं चलती, पर अपनी अभिव्यक्ति में वह नफ़ीस भी है। ऊपरी व्यवहार से पता ही नहीं चलता कि कब प्रेम का पंछी उड़ा और अपनी जगह पिंजरे में डोलती अपनी छायाकृति छोड़ गया—सहिष्णुता और धैर्य के आदर्शों से चालित शुद्ध सदाशयता, जिसमें प्रेम की तड़प नहीं होती।

हमें मानवीय बनाने में प्रेम की जो भूमिका है, वह और अयाँ हो जाती है अगर अभिव्यक्ति भी अतिरेकों के निषेध से शासित हो और इतनी ही मद्धिम-महीन जितनी आलापचारी में सुरों की उठान। एक ही बार में उमड़कर बाढ़ की स्थिति पैदा कर देने पर तो सम्बोध्य घबरा ही जाता है।

कोई तो कारण होगा कि भरतमुनि ने चार तरह के जो नायक बताए हैं—धीरोदात्त, धीरललित, धीरप्रशान्त और धीरोद्धत—उनमें एक तत्त्व उभयनिष्ठ है—'धीरता' का—'धीरे-धीरे रे मना, धीरे सब कुछ होय। माली सींचे सौ घड़ा, रुत आए फल होए।'

अभिव्यक्ति का जो पक्ष सबसे अधिक प्रभावित करता है, वह है पर्याप्त अन्तरालों और सुखद चुप्पियों के बीच से उमगता धैर्यवान सातत्य, जो कई बार प्रत्युत्तर की अपेक्षा भी नहीं करता। 'उसने कहा था' के लहना सिंह की प्रेमाभिव्यक्ति प्रिया के पति के हिस्से की गोली अपने सीने पर खाने में हुई। लड़की को तो पता भी नहीं चला कि अनजाने में ही उसने पति का ख़याल रखने की बात जो कही थी, उसकी यह परिणति होगी।

कविता प्रेम की मातृभाषा है

हमारी पीढ़ी के लोग अब तक मानते हैं कि कविता की तरह प्रेम भी एक ऐसा हवामहल है जहाँ शब्द सिर्फ़ सीढ़ियों का काम करते हैं। सीढ़ियाँ जहाँ ख़त्म होती हैं, वह छत होती है संवेदित मौन की, जिसे कोई अभिव्यक्ति समेट नहीं सकती। यही शायद अध्यात्म में भी होता है, इसीलिए सत्य को 'गूँगे का गुड़' कहते है। भीतर कहीं उसका विस्फोट होता भी है तो सत्य का पूरा समाहार कर सकनेवाली भाषा मनुष्य के पास नहीं होती। अँधेरे में हाथ-पाँव मारता हुआ वह तरह-तरह के उपमानों/अनुमानों/दृष्टान्तों का सहारा लेता चला जाता है, और कविता बन जाती है प्रेम की मातृभाषा! आज के आर्चीज़ कार्डों पर छपी हुई कविताएँ हों या कालजयी प्रेमाख्यानों की प्रसंगकीलित कविताएँ—प्रेमाभिव्यक्ति का उपयुक्त माध्यम कविता सहज ही बन जाती है, क्योंकि शब्दों के अन्तराल में वहाँ संवेदित मौन धड़कता है! 'रघुवंश' का वह प्रसंग याद करें जहाँ लंका से लौटते हुए राम सीता को जंगल-समुद्रादि दिखाते हैं कि—'वह देखो, वहाँ दंडकारण्य में मुझे तुम्हारा नूपुर मिला था। उससे मैंने तुम्हारा पता कितनी बेचैनी से पूछा और वह देखो—वह समुद्र, वहाँ प्रगल्भ नदियाँ सागर को स्वयं अपना मुख अर्पित करती हैं, लेकिन सागर भी एकांगी दान नहीं लेता, धीरोदात्त नायक

की तरह अनन्त लहरों में यह मौन अर्पण लौटाता है—

मुखार्पणेषु प्रकृतिप्रगल्भाः स्वयं तराङ्गरधरदानदक्षः
अलोकसामान्यकलत्रवृतिः पिवत्स्यौपाएते च सिंधूः।

यह बात तो है कि जो बात संवेदित मौन के आश्रय से कही जाती है, उसमें जादू का-सा असर होता है। बहुत खोलकर कही गई बात 'पत्रहीन नग्न गाछ' की तरह जान पड़ती है। उसका भी अपना सौन्दर्य है। ऐसा नहीं है कि गद्य का अपना सौन्दर्य नहीं—वाणिज्य-व्यापार, दफ़्तर, पंचायत, संसद, विज्ञानादि प्रांजल अभिधा के सहारे ही सत्य का वह किनारा छूते हैं, जहाँ बालू बहुत है। सत्य के समन्दर का दूसरा किनारा जो ज़्यादा हरा-भरा, नम और नमकीन है—कविता, प्रेम और अध्यात्म का किनारा है—वह किनारा, जहाँ मौन मधु हो जाए!

कम-से-कम मेरी पीढ़ी तक के लोगों के मन में यह बैठा था कि प्रेम में प्रगल्भता उतनी ही ठीक है, जितनी दाल में नमक, खीर में चीनी—हल्की-सी! मन में घनेरा आकर्षण उसी के लिए जगता था जो पीछे न पड़े, कम बोले। त्याग-सहिष्णुता, धीरज, वृहत्तर आदर्शों के लिए मर-मिटने का जज़्बा एक अलग तरह का आभामंडल रच देते थे उस शख़्सियत के आसपास जो संयमी होता था, गाहे-बगाहे अपना प्रेम प्रकट भी करता था तो फूलों, कविताओं, किताबों के आश्रय से या फिर दूसरे परोक्ष तरीक़ों से, जैसे कि यह सुध रखकर कि आपको कोई तंग तो नहीं कर रहा है, आप हर तरह से निश्चिन्त और प्रसन्न हैं न!

लम्बी-चौड़ी हाँकनेवालों से लड़कियाँ कोसों दूर भागती थीं। प्रगल्भ मजनुओं का मज़ाक़ भी बहुत बनता था—ख़ासकर छात्रावासों में। एक बार तो, मुझे याद है, किसी ने ग़लत-सलत, यानी अशुद्ध भाषा में अत्यन्त प्रेम-पगी पाती लिख दी, तो लड़की ने लाल डॉट पेन लेकर पहले तो उसकी वर्तनी और व्याकरण सम्बन्धी सब भूलों पर गोल घेर बनाए, और फिर नीचे टिप्पणी लिखकर बैरंग निवेदक को पाती वापस भेज दी कि पहले भाषा दुरुस्त करें, फिर सोच-समझकर काबिलियत के हिसाब से आवेदन करें। अनपढ़ व्यक्ति भी संयमी और शर्मीला हो तो उसका आकर्षण बढ़ जाता

था। प्रेम हो या सौन्दर्य, 'आधा खुला, आधा ढँका हुआ' वाला रूमान काम करता ही था। बात सिर्फ़ स्त्री-सुलभ रहस्यमयता की ही नहीं थी, पुरुषों का भी अधिक धाँसू होना खलता ही था। तभी उस ज़माने में सब सिनेमाई नायक भी 'शालीन पुरुष' वाली छवि प्रोजेक्ट करते थे।

समय के साथ या कहिए, सम्बन्धों के जनतंत्रीकरण के साथ स्त्री-पुरुष के बीच में आपसी रिश्तों की रूमानी रहस्यमयता यक़ीनन कम हुई है, पर उनमें अनौपचारिक दोस्ती का रंग सघनतम हुआ है। वे अधिक खुलकर बातें कर लेते हैं और कई बार आपस में काम बाँट भी लेते हैं! अपने बच्चों, घर के, पड़ोस के अन्य युवाओं/किशोरों और हर साल बदलनेवाले नए-पुराने छात्रों से अन्तरंग वार्ता के क्रम में या उनको देखते-समझते हुए मेरे मन में धीरे-धीरे यह बात अयाँ होती चली गई कि प्रेमाभिव्यक्ति से रूमान ज़रूर झड़ गया है, पर कुड़कुड़ाते हुए सम्बन्धों की लाश ढोने की जगह ये दो-टूक बात कर लेने का साहस अधिक सहजता से जुटा लेते हैं। बात सँभली तो सँभली, नहीं सँभली तो ज़्यादा हाय-तौबा मचाए बिना परिपक्वता से अलग भी हो जाते हैं—और अलग होने का मतलब यह नहीं कि एक-दूसरे के लिए मन में कोई गाँठ या दुश्मनी पाल ली, गाहे-बगाहे एक-दूसरे को व्हॉट्स ऐप आदि पर परामर्श और सान्त्वना देने की मानवीयता दिखाना नहीं भूलते! 'एक्स' कभी 'एक्स-वाई-ज़ेड' नहीं हो पाता, कई बार वह 'सर्वोत्तम दोस्त' भी बना रह जाता है। कैसे? इसे क़रीब दो वर्ष पहले मैंने अपनी एक कविता में भी दर्ज किया, वह कविता साक्षी है मेरे ही दो पुराने विद्यार्थियों के अद्‌भुत अनुराग की, जो अलग होने के बाद भी आपस में इंटरनेट के माध्यम से जुड़े रहे हैं। (सन्दर्भ : प्रेम इंटरनेट पर)

जैसा कि पहले कहा, आज के दौर में, अनादर, उपेक्षा, द्वेष-ईर्ष्या और अन्धी स्पर्द्धा की मारी हुई इस दुनिया में जब हर व्यक्ति हर समय बिदके हुए घोड़े की तरह हमारा पूरा वजूद कुचल डालने को उद्यत घूम रहा हो—आहत अहं पर यह कितना बड़ा मरहम है कि कोई तो है जो मेरी क़दर करता है, जिसकी आँखों में एक चमक पैदा होती है मुझे देखकर, जो मेरी उपादेयता, मेरी भलमनसाहत, मेरी पात्रता पर प्रश्नचिह्न नहीं लगाता! एक मनोवैज्ञानिक आवश्यकता के रूप में प्रेम का महत्त्व अधिक बढ़ गया है, पर

विस्थापनजन्य अकेलापन और 'गुमनाम' रह पाने की सुविधा कम-से-कम शहरी युवाओं के मन में यह बात बिठा गई है कि नौकरी की तरह सम्बन्ध भी अस्थायी और 'ऐडहॉक' हो सकते हैं—जितनी देर रहना है, दिन-रात दोनों पाली खेलते हुए ठीक से रहो, वरना एक शिष्ट अलविदा। दैहिक समागम के बाद भी एक शिष्ट अलविदा कह पाना पहले तो बिलकुल ही सम्भव नहीं था, पर नई पीढ़ी यह मानने लगी है कि प्रेम में आवेग चुक जाए तो गुडविल या शुभाशंसा नहीं चुकनी चाहिए।

एक औपनिषदिक बिम्ब के आश्रय से कहूँ, तो फिर से यह माना जाने लगा है कि एक नदी में दो कदली-स्तम्भ या दो प्रज्ज्वलित दीये जितनी देर सटकर बहना था, बहे, फिर अलग-अलग दिशाओं में मुड़कर बहने लगे! कबीर ने यह स्थिति ऐसे देखी कि आँधी में दो तिनके आकाश तक उठ गए—घड़ी-दो-घड़ी सटकर उड़े। फिर इधर-उधर हो गए—स्मृतियों में कृतज्ञता बनी रहे, थूकम-फजीहत नहीं हो, इतना भी बहुत है! कहनेवाले कह गए हैं—चक्रवत परिवर्तानि दुखानि च सुखानि च—पर चक्रवत परिवर्तन सिर्फ़ दुख-सुख और ऋतुओं पर ही लागू नहीं है, दर्शनों और युगदृष्टियों पर भी लागू है।

रोबटों की प्रेम-कथा

छाप-तिलक सब छीनी रे, मोसे नैना
मिलाय के
अपने ही रंग रँग लीनी रे, मोसे नैना
मिलाय के।

अमीर ख़ुसरो की यह क़व्वाली एक गहरी अनुगूँज की तरह आज तक हमारे भीतर लहर लेती है जब भी हम प्रेम की बात करते हैं। समर्पण की इंतेहा है यह कि 'मेरा मुझमें कुछ नहीं, जो कुछ है सो तोय'! जब दो व्यक्ति या दो संस्कृतियाँ 'नैना मिलाने' की स्थिति में हों तो दोनों एक-दूसरे के रंग ख़ुद ही रँग जाना चाहते हैं। प्रेम एक चटाई पर बिठाता है। सारे पदानुक्रम तोड़कर एक धरातल पर आ बैठते हैं, शरीर, मन और आत्मा तो

एक अलग तरह की उमगन घेर लेती है चित्त को कि वह स्वयं सामनेवाले के रंग रँग जाए—'मैं तो साँवरे रंग राची', कहती है मीराँ। किन्तु लाज आती है यह कहने में तो शब्दों की झीनी चदरिया एक ओर तान लेती है। कविता शब्दों की वही झीनी चादर है जहाँ 'साफ़ छुपते भी नहीं, सामने आते भी नहीं' इसीलिए कविता प्रेम की मातृभाषा है। इशारे करती है, बात उलटकर कहती है। टेढ़ी-मेढ़ी गलियों में छुपती हुई जैसे कोई गोपी गुज़रे या कृष्ण की पिचकारी से बचती हुई—वैसे ही बात गुज़र जाती है कविता में और पूरे बाँकपन के साथ कर्ता-भाव या एजेंसी ही पलट देती है कि मैं स्वयं नहीं रँगी, तुम्हीं ने विवश किया, तुम्हारा आकर्षण ही ऐसा घना था कि मेरा अपना कर्ता-भाव खो गया, तुम्हीं ने छीना-झपटी मचाई और सब छीन लिया—मेरा अहंकार, मेरी पहचान, मेरा छाप-तिलक!

पर प्रेम है तो पारस्परिकता या आपसदारी भी होगी, बलात कुछ नहीं होगा या एकतरफ़ा! 'गीतगोविन्द' में भी यह प्रसंग है कि रास के अन्त में कृष्ण राधा के कपड़े पहन लेते हैं, राधा कृष्ण के। यह परिधान-विनिमय संकेत है इस बात का कि दोनों एक-दूसरे के रंग में रँग गए हैं, पर मीठा उलाहना वही है कि तुमने विवश किया, तुम इतने अच्छे क्यों हो?

आज जब रोबटों से शादी हो रही है और मशीनी गुड्डे-गुड़िया एक ख़ास तरह के 'प्रोग्राम्ड' विनय के साथ आपकी सब भौतिक कामनाएँ पूर्ण कर रहे हैं, मेरे मन में बस एक ही सवाल जग रहा है और वह यह कि क्या इस तरह की आपसदारी, इस तरह की विकलता, इस कोटि का समर्पण और ऐसा मान-मनुहार प्रायोजित हो सकता है? यंत्र शरीर में ख़ास तरह के स्पन्दन भी दें, मीठी-मीठी बातें भी कर लें, लगातार सेवा में जुटे रहें, पर अपनी ओर से कोई मान-मनुहार तो नहीं कर पाएँगे बेचारे, ऐसे में उनकी स्थिति यौन-दासी की तो हो सकती है, पर प्रेमी-प्रेमिका की कैसे होगी?

और मैं यह भी मानती हूँ कि किसी जीते-जागते मुनष्य को आप दास/दासी रखें, इससे अच्छा है कि ऑन-ऑफ़ होनेवाली मशीन ही आपकी दास/दासी हो, पर प्रेमी-प्रेमिका तो वह मशीन तभी हो सकती है जब उसका भी अपना हृदय हो जो आपके लिए विकल हो सके और आपको छोड़कर जाने की स्वाधीनता भी हो जिसके पास! जिसके पास छोड़ जाने की स्वाधीनता

हो, उसका ही साथ बने रहना द्रावक होता है! किसी दास या बन्दी का साथ कभी द्रावक नहीं हो सकता।

नहीं, बात अहंकार के पोषण की नहीं है। थोड़ा-सा अहंकार भी पोषित होगा इस बात से कि जो जा सकता है, वह भी नहीं जा रहा है मुझे छोड़कर, पर बात इससे कहीं अधिक गहरी है! 'भय बिनु होहिं न प्रीति' तुलसीदास की यह अर्द्धाली मेरे विचार में उस भय की ओर संकेत है जो हमें होता है। इस बात से कि कहीं मुझमें कोई ऐसी विकृति आ जाए जिससे मेरा प्रिय मुझसे ऊब जाए, छोड़कर चल दे मुझे :

सुख का दिन डूबे, डूब जाए,
तुमसे न सहज मन ऊब जाए।

निराला की यह पंक्ति भय तो इस बात का ज़ाहिर करती है कि कहीं मैं ही तुमसे न ऊब जाऊँ, पर आशय इसका यह भी है कि भगवान न करे, किसी दिन तुम मुझसे ऊब जाओ!

प्रेम का एक लक्षण यह भी है—अपनी पात्रता बनाए रखने की चिन्ता, इसी बात की चिन्ता में मनुष्य लगातार आत्म-परिष्कार में लगा रहता है। जाने-अनजाने कोई ग़लती हुई तो माफ़ी भी माँग लेता है। इसी अर्थ में प्रेम आत्मक्रान्ति है और कल्पना की तरह नवोन्मेषी इसकी सहज वृत्ति है रोज़ नए रंग में उजागर होना, अपनी मोहकता बरक़रार रखना, ताज़गी बरक़रार रखना। ईर्ष्या, लोभ, काम, क्रोध, मोह आदि के अतिरेक से बचे रहकर ही कोई वरेण्य हो पाता है। हर वक़्त हाइपर रहनेवाले घबराहट पैदा करते हैं, किसी भी तरह के अतिरेक से ग्रस्त व्यक्ति ऊब की स्थितियाँ पैदा करता है, उसका साथ अच्छा नहीं लगता। सन्तुलन ही सुख है, लेकिन मशीन का सन्तुलन नहीं। क्योंकि उसका हर कृत्य अनुमान के दायरे में आ जाता है, इससे उसमें वह बाँकपन नहीं रहता जो प्रेम की आवश्यक शर्त है। इसीलिए कृष्ण को बाँके बिहारी कहते हैं कि उनमें बंकिमता है, पारभासकता है। पारभासकता भी प्रेम की अनूठी शर्त है—

'जान लिया तो प्यार रहा क्या?' अज्ञेय की यह पंक्ति है—अज्ञेयता का महत्त्व बनाती हुई! प्रेम का एक बड़ा आकर्षण उसकी रहस्यमयता है! ईश्वर का दूसरा नाम प्रेम है—

खुला हुआ है मेरे सामने सफ़ा-ए-इश्क़,
समझ रहा हूँ मगर क्या समझ रहा हूँ मैं

पर पारभासकता एक चुनौती की तरह सामने बनी रहती है, समर्पण की विह्वलता भी तभी जागती है जब बात आधी समझ में आए, आधी न आए—जैसा कि कविता में होता है! थोड़ी-सी प्यास बनी रहनी चाहिए!

जीवन स्वयं भी समुन्दर है। सब कुछ लौटा देता है। कल मैं अपने बच्चों को और छात्रों को तरह-तरह की कहानियाँ सुनाती थी, आज वे मुझे सुनाते हैं—आर्टिफ़िशियल इंटेलिजेंस से महमह साथी रोबटों की कहानियाँ। मैं सुन तो लेती हूँ पर मेरे मन में बस एक सवाल जगता है—क्या रोबट का मन समुन्दर हो सकता है, जैसा कि प्रेम में होना ही चाहिए? क्या एक के बहाने पूरी दुनिया अच्छी-सी लग सकती है उसको?

जो घनीभूत पीड़ा थी
मस्तक में स्मृति-सी छायी
दुर्दिन में आँसू बनकर
वह आज बरसने आई।

प्रसाद के यहाँ स्मृतियाँ बरसती हैं—दुर्दिन में भी घनीभूत होकर बरसती हैं, निराला के यहाँ बादल सचमुच के बादल की तरह बरसते हैं, अपने पूरे सत्व में बरसते हैं, ताकि खेत सिंचे, पन्त के यहाँ बादल बहुरूपिए हैं और महादेवी के यहाँ स्वयं महादेवी ही बदली हैं—'मैं नीर भरी दुख की बदली!', 'विस्तृत नभ का कोई कोना' अपना नहीं होने का अहसास, बेघर होने का अहसास स्त्री-चेतना में गहरा अनुस्यूत है और नागमती तो अपने अकेले छूटे घर समेत एकदम बेघर है क्योंकि सबसे बड़ा घर तो प्रिय का मन होता है। जब वहीं जगह नहीं तो कौन ठिकाना!

पद्मावती को लेकर जब उसके दरवाज़े रत्नसेन लौटता है तो हल्की मुसकान के साथ नागमती सावन से ही उपमान लेकर उलाहना देती है—'काह हंसौं तुम मोसौ कियहुं और सौं नेह, तोहि मुख चमके बिजुरी मोहि मुख बरसे नेह' (जी तुमने किसी और से लगा लिया, अब मुझे देखकर क्या हँसते हो, अजब तरह का यह सावन है कि तुम्हारे मुख पर तो बिजली की चमक है,

मेरे मुँह पर मेघ बरस रहे हैं।)

कालिदास का शापित यक्ष तो 'मेघदूत' भेज भी पाया, यक्षिणी के मन की बात मन में ही रह गई। अब जाकर यक्षिणियाँ एक-दूसरे का कौल निभा पा रही हैं। स्त्री की क़लम ही उसकी सच्ची दूत है। जीवन की हरियाली उससे ही प्रस्तावित स्पन्दित होगी, ऐसी उम्मीद तो है। सारे उजाड़ बस जाएँगे, हरे-भरे हो जाएँगे क्योंकि स्त्रियाँ यहाँ नए-नए बीज बो रही हैं, लगातार लदी हुई पीठ दुखती है तो भी मिलकर गाती हैं या फिर अकेली ही हर ओर से घुमड़ते दुखों का आकलन करती हैं!

हंसों का जोड़ा

जैसा पहले कहा, प्रेम बवंडर-सा उठता है! बवंडर में एक धरातल पर जब दो तिनके उठ आते हैं तो थोड़ी देर सटकर उड़ लेते हैं, (फिर तो दिशा बदल ही जानी होती है...) यह जो कोष्ठक में है, कोष्ठक में ही रहता है, प्रकट नहीं होता—न जीवन में, न कविता में! सत्य ईश्वर इसलिए भी है कि वह कभी पूरा प्रकट नहीं होता।

कहते हैं जो प्रकट होता है, हरदम जोड़े में होता है—रात है तो दिन भी होगा, अँधेरा है तो उजाला भी, सुख है तो दुख होगा, जीवन है तो मृत्यु भी। साथ ही होगा एक मन जो पेंडुलम की तरह झेलेगा।

दोनों अतियों के बीच प्रेम-घृणा, राग-विराग, विनय-क्रोध, अहिंसा-हिंसा, क्रान्ति-अपक्रान्ति जब तक थी—एंटी थीसिस—जोड़े अनन्त हैं। इन दो अतियों के बीच जब तक मन डोल रहा है, मन मन है यह अ-मन नहीं हुआ, अहंशून्य होकर स्वयं के ऊपर न उठा, व्याप्त होकर अनन्त न हो गया, बूँद से समुद्र नहीं हो गया, सब तू-तू, मैं-मैं ख़तम न कर ली उसने—उसे सच समझ में नहीं आएगा। बूँद को समुन्दर तभी समझ में आता है जब वह उसमें अपनी नन्ही सरहदें तोड़कर मिल ही नहीं जाती!

इस्लामी चित्रकला में भी जोड़े क़ायम रखे जाते हैं—नदी बनेगी तो किनारा भी होगा, लहर बनेगी तो बुलबुल भी। शिव-शक्ति की तरह दोनों जुगल जोड़ी होंगे और गहनतम तादात्म्य के समय में दोनों एक-दूसरे को नया

जन्म देंगे। प्रेम को पुनर्नवा कहते ही हैं शायद इस ख़ातिर कि वह आपके भीतर आपका श्रेष्ठतम पैदा करता है। और इसे अन्तर्निहित सम्भावनाओं का या सम्भावित बुद्धत्व का क्रमिक प्रस्फुटन कहते हैं : प्रेम, करुणा और क्षमा ही इसकी माटी तैयार करते हैं। बीज तो है आपमें, पर माटी भी अनुकूल चाहिए। बीज और माटी अलग एक युगल मूर्ति हैं, जैसे समय और स्पेस जो जैन धर्म के अनुसार एक ही पुद्गल के अलग-अलग आयाम हैं। दो मिलकर तीसरे आयाम को जनम देते हैं, उसकी अवधारणा ईसाइयत में ट्रिनिटी और हिन्दू धर्म में तीन मूर्ति के रूप में और फिर नाद-बिन्दु और शक्ति के रूप में। जैसे अनुभव पक जाने पर कविता में बिम्ब या रूपक अचानक प्रकट होते हैं, सत्य अजाने किसी क्षण अचानक प्रकट होगा पर कब, यह कोई नहीं जानता। शायद यह प्रकट होगा तब जब आपके मन में इसकी चिन्ता भी नहीं रहेगी कि प्रकट हो! द्वंद्वों के बीच की अवस्था में टिककर मन जब इस एहसास से भी मुक्त हो गया कि कुछ होना है तो, पापा कहते थे कि वह विस्फोट घटित होता है जब सब दीवारें ढह जाती हैं! जब तक प्रतीक्षा की चेतना भी है, वह नहीं घटता! तब ही तो कहते हैं—बिन माँगे मोती मिले, माँगे मिले न भीख!

जोड़े में जो भी प्रकट होता है, उसके एकात्म होने पर, यानी अतियों के क्षरण के बाद अपने सार रूप में एक होने पर वह स्थिति घटती है जिसे आनन्द कहते हैं। सुख और दुख अपने उपसर्ग छोड़कर 'ख' मात्र यानी आकाश ही तो बच जाते हैं और आकाश निस्सीम होता है। न दुख हो, न सुख, न अँधेरा, न उजाला, चेतना बस बनी रहे, निस्पन्द जैसे कि चाँद-तारे होते हैं, अपने होने में मगन तो शाश्वत आनन्द मधुश्रावणी की पूर्णिमा-सा बरसता है। मुक्ति मतलब कुछ पाने के इसरार से मुक्ति।

बहुत ज्ञान-ध्यान सिखा रखा है हमारी संस्कृति ने हमें, पर जब प्रेम होता है, कुछ काम नहीं आता। कलेजा मुँह को आता है कम-से-कम कुछ देर को। फिर वियुक्त प्रिय की बातें सुनाई पड़ती हैं—कभी मधुमक्खी की भुनभुन में, कभी चिड़ियों की चहचहाहट में, कभी गई रात अचानक ही बोल पड़े पक्षी की इंटेंस पुकार में। बीच की अवस्था में आते-आते देर लग जाती है।

अब कुछ हँसी की बातें करते हैं। नौ से साढ़े नौ के बीच माँ खाना

बनाती हुई मुझे उबटन लगाती थी। दस बजे मुझे स्कूल छोड़ते हुए माँ-पिताजी विश्वविद्यालय जाते थे। जल्दी मची रहनी चाहिए थी, पर सब कुछ मस्ती में होता रहता था। ट्रांजिस्टर अंगनैया में ही रखा होता और पटना रेडियो स्टेशन से रसमंजरी कार्यक्रम में तरह-तरह के गाने बजते थे। एक दिन शास्त्रीय संगीत पर आधारित गाने, दूसरे दिन लोक संगीत पर आधारित, तीसरे दिन क़व्वालियाँ...। वे सब गाने और पिताजी के अपने लिखे गीत आज तक मेरे अन्तरतम में गूँजते हैं जब मैं कभी अचानक और अकारण ही ख़ुश हो जाती हूँ या फिर तब जब मुझे कोई दुविधा घेरती है—दुविधा यानी दो-दो विकल्प—जो जीवन में अकसर एक साथ ही प्रकट होते हैं। जिन दिनों प्रेम प्रस्ताव आया करते थे, तरह-तरह की ख़ुशबूदार चिट्ठियों में—वो भी अक्सर दिशाओं से एक साथ ही दो आ जाते थे और घबराहट के मारे मैं न इधर देख पाती थी, न उधर, पिता के ही गीतों से शब्द उधार लेकर कहूँ तो—

जिसके भय से डरकर भागे
बड़े-बड़े साधक-संन्यासी,
उस दुविधा के ही त्रिशूल पर
मेरे मन की नगरी काशी।

या फिर

किसी उस्ताद तीरंदाज के
पाले पड़ा जीवन,
निशाने साधता दो-दो
पुराने एक ही शर से!

उन दिनों तबला-डुग्गी की तरह फ़िल्मों में भी जोड़ियाँ बनतीं थीं। नायक-नायिकाओं की जोड़ियाँ ही नहीं, शंकर-जयकिशन, लक्ष्मीकान्त-प्यारेलाल, नदीम-श्रवण, सलीम-जावेद। लेखन या संगीत निर्देशन में भी अकसर युगलमूर्ति ही प्रकट होती। इसका एक कारण शायद यह हो कि मुम्बई में इप्टा का गहरा प्रभाव कुछ लोगों पर तो बचा ही हुआ था। इप्टा प्रेरित

जनान्दोलनों का बीज-शब्द था सहकारिता!

ध्यान देने की बात यह भी है कि अपनी पूरी अवधारणा में फ़िल्में अभी भी सहकारितामूलक हैं—'कोलोबोरेटिव आर्ट फ़ॉर्म' ही नहीं वे, विज्ञान भी हैं और वाणिज्य भी। उनके इतने प्रभावशाली होने का राज़ भी यही है कि कथालेखक, गीतकार, संगीतकार, निर्देशक, फ़ोटोग्राफ़ी कलाकर, संगीतकार, अभिनेता, अभिनेत्री—सब मिलकर अपना सम्मिलित श्रम वैज्ञानिक तकनीक से सम्बलित इस फ़िल्म विद्या को देते हैं, तब ही जन-मन में उनकी छवियाँ इतनी गहरी धँसती हैं कि हम प्रेम करते समय भी वहीं से प्रतिमान लेते हैं, परिवार बनाते समय भी। युद्ध, क्रान्ति, जनसंघर्ष, नागरिकता की हमारी अवधारणाओं के मूल में भी महान फ़िल्में होती हैं या महान साहित्य। साहित्य लिखित रूप में तो कम ही लोग पढ़ पाते हैं, पर जनमानस के निर्माण में साहित्य का यह चलन्त-फिरन्त, लोकप्रिय संस्करण (फ़िल्में/टी.वी. धारावाहिक) ऊँचे आदर्शों का नियामक हो—ज़रूरी है यह।

जिन लोगों ने शिद्दत से यह महसूस किया, मुम्बई में अपने संघर्ष के दिनों में मिलकर कुछ करने का जज़्बा दिखाया। प्रकाशन जगत में ऋतु मेनन-उर्वशी बुटालिया ने पहला स्त्रीवादी प्रेस 'काली फॉर विमेन' स्थापित किया और एक से एक किताबें छापीं। स्त्रीवाद का जनाधार तैयार करने के लिए विश्वस्तरीय सेमिनार कराया ऋतु मेनन ने और हर भाषा की लेखिकाओं से अन्तरंग बातचीत की, उनकी प्रतिनिधि रचनाओं का अनुवाद किया-कराया, तीन दिन तक उन्हें घर से बाहर ठहराकर। यह उनके बीच आजन्म बहनापे का सूत्र विकसित करने का अनूठा काम कर गया। स्मृति-गाथा दर्ज करके उनके आपसी बहनापे के विकास का काम भी ऋतु और उर्वशी ने मिलकर किया, फिर जाने क्या हुआ कि उनके अपने बहनापे को ग्रहण लग गया, ठीक वैसे ही जैसे फ़िल्म वाली कुछ हिट जोड़ियाँ टूटीं।

अब इसका एक कारण तो वह माना जा सकता है जिसे रहीम 'अति परिचय का दोष' कहते हैं, दूसरा यह कि ऐसी मलंग दोस्तियाँ ईर्ष्यालु लोगों को खटकने लगती हैं और जोड़े में कोई एक भी अगर कान का कच्चा हुआ तो उनकी आपसी असहमतियों का विद्रूप खड़ा कर तरह-तरह की ग़लतफ़हमियाँ खड़ी करने में इन नारद मुनियों को विशेष रस आता

है। तीसरा यह दर्शन कि किसी से तब तक ही जुड़ो जब तक लगे कि तुम उसे अपना सर्वोत्तम दे सकते हो, जब लगे कि किसी के साथ काम करते हुए तुम्हारा दम घुट रहा है, संवाद बार-बार अधूरे छूट रहे हैं, तो थोड़ा अवकाश लो। इस बीच तुम्हें लगे कि तुम अकेले ही अधिक सर्जनात्मक हो तो मन को समझाओ कि हमने साथ सफ़र शुरू किया था, पर हमारे स्टेशन अलग-अलग थे। कोई बीच में उतर गया तो कर ही क्या सकते हैं, हाथ हिलाकर प्यार से विदा करने के सिवा!

'वैयक्तीयन' की अवधारणा से उद्भूत यह एक नए तरह का सच है कि लोग लड़-झगड़कर नहीं, मैत्री और करुणा का 'लो डोज़' जारी रखते हुए अलग होते हैं। मेरी एक दोस्त थी, शुचिता शर्मा। बचपन में हुई उसकी शादी टूट तो गई थी पर जब उसके पूर्व पति की पत्नी को प्रसूति के समय और उसके बाद घर में एक संगिनी की ज़रूरत हुई तो वह अकुंठ भाव से उसकी सेवा में जुटी। उसे ऐसा करते देखते हुए मुझे बचपन में कभी सुने लोकगीत की वह बेधक पंक्ति याद आ गई जो 'वाइकेरियस प्लेज़र' और चित्त विस्तार दोनों का धड़कता उदाहरण है—

झरोखे से झाँक रही,
मेरो जिया जाने!
राजाजी लाए, लाए सौतिनिया,
मैं दुल्हन-सी लाग रही,
मेरो जिया जाने!
दुल्हन ने जायो, जायो एक ललना
मैं जच्चा-सी लाग रही, मेरो जिया जाने।

आख़िर तो आदमी के बच्चे हैं हम—आदमज़ाद! कहीं-न-कहीं तो हम में मानुष-गन्ध होगी ही। उन्नयन असम्भव नहीं! नई पीढ़ी समझने लगी है, तभी प्रेम में दोस्ती का रंग गहराया है! अपने बच्चों से, उनके दोस्तों से, अपने विद्यार्थियों से जब भी गपशप होती है, पूछती हूँ कि कैसा जीवन-साथी चाहिए उन्हें, हाल-फ़िलहाल इस प्रश्न के उत्तर में उत्कर्ष ने नोबेल लॉरिएट रिचर्ड फेमैन का एक प्रेम-पत्र भेजा जो उन्होंने दिवंगत पत्नी को

लिखा था। इसका सार यह कि जिसकी उपस्थिति आपकी सर्जनात्मकता को सन्दीप्त रखे, जिसके साथ मिलकर कुछ बड़ा करने का मन करे, जिससे समस्याएँ साझा करने का मन करे, प्रेम का पात्र वही तो हो सकता है। नई पीढ़ी यह समझती है। याद रखने की बात बस इतनी है कि शिक्षादीप्त लड़कियों की आत्मा की भी यही माँग है जो पहले सिर्फ़ पुरुषों की थी! एक असन्तुलन-सा यहाँ पर घिर आता है कि पुरुष की सर्जनात्मकता सन्दीप्त रखनेवाली लड़कियाँ तो अनेक मिल जाती हैं, स्त्री की सर्जनात्मकता को सन्दीप्त रखनेवाले नवल पुरुष अभी विरले ही मिलते हैं!

इसका नतीजा यह है कि एक सुयोग्य लड़की के पीछे हज़ार लड़के रहते हैं और लड़कियों के साथ कबीर वाला संकट बना रहता है!

'ऐसा कोई ना मिला जिन सौं रहिए लागी!' सेक्स रेशियो की तरह यह भी चिन्ता की बात है! जिस तरह भ्रूण हत्या बढ़ रही है, दूर नहीं वह दिन कि और घनीभूत हो यह संकट

तीन बुलावै, तेरह आवै
निज-निज विपदा रोई सुनावै।

तो चेत जाना ही अच्छा है! प्रेम के लायक़ बने रहने का उपक्रम करते रहना ही अच्छा है!

हर व्यक्ति किसी-न-किसी रूप में विशिष्ट होता है जैसे कि हर चेहरा किसी-न-किसी रूप में सुन्दर। टीवी विज्ञापन द्वारा प्रस्तावित 'कम्प्लीट मैन' या पूर्ण पुरुष होने के लिए आपको ब्रांडेड सूट पहनकर, बड़ी गाड़ी पर सवार होकर किसी का जन्मदिन मनाने जाने की ज़रूरत नहीं। आप साइकिल या बस पर सादा कपड़ों में बैठे हुए उस 'कम्प्लीट मैन' की इस नियोजित छवि से ज़्यादा आकर्षक हो सकते हैं, ख़ासकर अपनी प्रेमिका के लिए यदि उसको आपके चरित्र, आपकी गहराई और उच्चशयता पर भरोसा हो। यह भरोसा जगा पाना ही 'वेलेंटाइन डे' का संकल्प होना चाहिए।

मैं तो अपने विद्यार्थियों और बच्चों से यही उम्मीद करती हूँ कि तमाम सद्गुणों का विकास धैर्यपूर्वक करें, प्रेम का पात्र बनें, सबकी विश्वसनीयता हासिल करें और फिर करें इन्तज़ार। स्वयं ही कहीं से कोई संकेत मिलेगा

और वह संकेत अगर मनहर लगे तो उधर बढ़ें। ख़ुद को ही कायनात का नायाब तोहफ़ा बना लें। ऐसा बना लें कि आपकी उपस्थिति मात्र प्रिय में सुभग स्पन्दन जगा दे, कृतार्थ करे उसको। फूल लेकर दौड़ने की ज़रूरत ही नहीं पड़े। संस्कृत की समस्त कालजयी रचनाओं में पहला सुभग स्पन्दन नायिका में ही जागता है—धैर्य, लालित्य, उच्चाशयता, त्याग, संयम और साहस से दमक रहे पौरुष की ओर! वही प्रेम अमर होते हैं जहाँ नायिका में ही पहला स्पन्दन जगे। मुश्किल दरअसल यह है कि स्त्री-हृदय में स्पन्दन तब तक नहीं जगता, जब तक 'आदर्श' की झलक उसे पुरुष में नहीं मिलती।

पाँच से पचपन बरस की उमर तक बेचारी लड़कियों और स्त्रियों को इतनी तरह के बेढंगे प्रस्ताव झेलने पड़ते हैं—वह भी बेढंगे पुरुषों से कि उनकी आत्मा कलप जाती है। लड़कों को यह बात अच्छी तरह समझनी चाहिए। पितृसत्ता ने 'पुरुष' शब्द की छवि इतनी धूमिल कर दी है कि वे कहते हैं 'प्रेम' तो सुनाई पड़ता है 'आकर मेरे साथ सो जाओ', 'मेरे लिए पेप्सी कोला की बोतल बन जाओ' का नारकीय रौरव।

तदर्थ (ऐड हॉक) नौकरियों के युग में प्रेम भी तदर्थ 'वन नाइट स्टैंड' तक सीमित हो गया है। 'हायर एंड फायर' की चिन्ता सम्बन्धों में भी प्रवेश पा गई है। 'वैलेंटाइन डे', 'फादर्स डे', 'मदर्स डे', 'डॉटर्स डे', 'टीचर्स डे', 'चिल्ड्रेंस डे', 'मातृभाषा दिवस' आदि जो नए त्योहार और संकल्प-दिवस हम मनाने लगे हैं, यह इस बात का स्पष्ट संकेत हैं कि प्रेम, वात्सल्य, भाषिक अस्मिता—जैसे सुभग भावों के प्रति नए ढंग से हमारी आत्मा प्रवृत्त हुई है। प्रेम, वात्सल्य और मातृभाषा के प्रति लगाव—ये कुछ महाभाव हैं, जहाँ ठहराव और सुस्थिरता की छाँव नज़र आती है। जहाँ प्रेम होगा, वहाँ ठोकर नहीं होगी। आप जैसे भी हैं आपको अपने अनूठेपन में वैसे ही स्वीकार कर लिया जाएगा और उसके बाद शुरू होगी आत्म-क्रान्ति की वह सुभग यात्रा जिसमें आपके भीतर छिपी सम्भावनाएँ पूर्णतः मुकुलित हो जाएँ।

प्रेम कामना जगाता है और उसके ऊपर उठाता है

मीराँ कहती हैं—'घिर आई बदरिया सावन की/सावन की, मन भावन की'।

हमारी कामनाएँ, हमारे अभावों में निर्मित होती हैं तो रेगिस्तान के राजभवन में पली-बढ़ी मीराँ को मुक्त गगनचारी (घनश्याम) प्रिय कैसे न होते। भाव का अभाव से नाता गहरा होता है। अभाव के गर्भ में ही छिपे होते हैं भाव जैसे कि अमंगल के गर्भ में मंगल। रेतीले परिवेश में वर्षा का आकर्षण स्वाभाविक है, रेतीले जीवन में आर्द्रता का, रस का।

'हृदय' की पीड़ा से हठ-अग्नि सब शीतल हो जाए। हृदय की पीड़ा ही उमड़-घुमड़कर बरसती है 'जनमों से संचित अग्निगर्भा प्यास/अहंकार/एषणा पर और चित्त शान्त-सुव्यवस्थित हो जाता है—आग बुझ जाती है, प्रकाश रह जाता है, वैसा ही स्निग्ध प्रकाश, शीतल प्रकाश जो बारिश से धुले हुए पत्तों पर होता है। बृहत्तर संकल्पों के लिए तैयार हो जाता है शीतल चित्त, ऊर्ध्वमुखी हो जाता है।

ऊर्ध्वमुखी करना ही प्रेम का पहला संकल्प है। एक के बहाने सारी दुनिया अच्छी-अच्छी लगने लगे तो समझिए प्रेम घटित हुआ। इसी अर्थ में प्रेम क्रान्ति है—ग़रीब-अमीर, सवर्ण-अवर्ण, स्त्री-पुरुष, विदेशी-स्वदेशी पर जैसे सावन एक ही भाव से अपनी तरलता/सरसता/शीतलता बरसाता है, भेद-भाव की संरचनाएँ बिलकुल नहीं मानता प्रेम (अपने सूक्ष्मतम और पवित्रतम और सबसे निःस्वार्थ रूप में यानी स्नेह सद्भावना के रूप में) सब पर बरसता है। सूफ़ी और भक्त कवि तो इस लोक और उस लोक का पदानुक्रम भी तोड़कर इश्क़हक़ीक़ी में इश्क़मज़ाज़ी का प्रतिबिम्बन घटित देखते हैं—'न बचा बचा के तू रख इसे/कि ये आईना है वो आईना कि शिकस्ता हो तो अज़ीज़तर/है निगाहे-आईनासाज़ में।'

ये इक़बाल हैं। आईना अहं का है। ये आईना बचा-बचाकर नहीं रखना। इसे चकनाचूर कर देना है, तभी वह सत्य का बृहत्तर परावर्तन कर पाएगा और आईनासाज़ में नूर का भी! इश्क़ की वह पुख़्ता ज़मीन तैयार करनी है जिससे टकराकर अहं का शीशा टूटे! टूटे हुए काँच पर जब नूर की बदली बरसती है, चमक उठता है शीशा और सारी कायनात उसमें परावर्तित हो जाती है।

आगे इक़बाल समकालीन सन्दर्भों का ज़िक्र करते हुए लिखते हैं : 'न वो इश्क़ में रहीं गर्मियाँ न वो हुस्न में रहीं शोख़ियाँ/न वो ग़ज़नवी में तड़प

रही/न वो ख़म है ज़ुल्फ़े-अयाज़ में।'

कौन ले गया वो तड़प? कहाँ गया वो पेचोख़म ज़ुल्फ़ों का? हुस्न की शोख़ियाँ किस चिन्ता में घुल गईं? दरअसल इश्क़ के सरोकार व्यापक हो गए और फ़ैज़ तक आते-आते ये हुआ कि इश्क़ दो टूक कह उठा : 'और भी ग़म हैं ज़माने में मोहब्बत के सिवा/राहतें और भी हैं वस्ल की राहत के सिवा।'

सामन्ती व्यवस्था थी, जकड़नें थीं, कोई सोच ही नहीं सकता था वर्ण-वर्ग-नस्ल के बन्धन काटने के बारे में, फिर भी इश्क़ ने बन्धन काटे! यह वैयक्तिक क्रान्ति थी। सामाजिक क्रान्ति की ज़मीन अभी तैयार होनी थी! सिर्फ़ युद्ध एक ऐसा सन्दर्भ रचते थे जब सामाजिक सरोकारों पर वैयक्तिक सरोकार न्योछावर करने की बात सोची जाती थी। 'हक़ीक़त' जैसी कई फ़िल्मों ने इस ऊहापोह का सफल मंचन किया। 'उम्र-भर एक मुलाक़ात चली जाती है' का सबसे सजग उदाहरण है—'उसने कहा था'! गोली उसकी प्रिया के पति पर चलती है, वह उस परम अनजान व्यक्ति के सामने आकर जान दे देता है, सिर्फ़ यह सोचकर कि 'उसने कहा था, उनका ध्यान रखना, वे भी उसी बटैलियन में हैं।' जिस समय वह गोली खाकर गिरता है—परम तृप्त-सा, प्रिया का चेहरा उसके ज़ेहन में है, ऐसी प्रिया का संवेनदनशील चेहरा जिसने कभी उससे मुँह-भर बात भी नहीं की! उत्सर्गमय प्रेम के इस महान क्षण में पानी झमाझम बरस रहा है। आत्मिक तृप्ति झमाझम बरस रही है, सिर्फ़ उसके तपते शरीर पर नहीं, पाठक के मर्म-बोध पर भी।

विश्वयुद्ध के बाद स्वाधीनता आन्दोलन, विभाजन और कम्युनिस्ट क्रान्ति ने वह व्यापक पृष्ठभूमि साहित्य को और फ़िल्मों को दी जहाँ महान प्रेम घटित तो होता था, किन्तु बृहत्तर दायित्वबोध के कारण परवान चढ़ नहीं पाता था।

तू मुझे भूल भी जाए तो ये हक़ है तुझको,
मैंने तुझसे ही नहीं, सबसे मुहब्बत की है।

एक मीठी याद, एक कसक मन में धारे हुए लोग प्रिय से बिछड़ जाते थे। बिछड़न तो जैसे प्रेम की सान्द्रता बढ़ा देने वाला ईंधन ही हो! प्रत्यक्ष

संसर्ग सम्भव नहीं होता, दूरसंचार के साधन इतने विकसित नहीं थे और क्रान्ति-योद्धा का जीवन इतना असुरक्षित, सामाजिक सरोकारों को इस तरह समर्पित होता था कि यादों के झरोखों से रोशनी की एक धार आती थी और उसी के सहारे जीवन कट जाता था। उनकी वियोग व्यथा के मन में भी सावन ने हमेशा बड़ी भूमिका निभाई—ख़ासकर फ़िल्मों ने, और बहुत सारे गीतों ने चाहे वे अनन्त वियोग के गीत हों या क्षणिक संयोग के।

अपभ्रंश कविता में, विद्यापति और सूरदास के यहाँ, 'पद्मावत' के नागमती प्रसंग में भी सावन में जकड़ी विरहिणी की पीड़ा की ही गहरी व्यंजना है : 'बरसे मेघा झकोरी-झकोरी/मोर हुआ नैन चुअहिं जस ओरी'।

एक लोकगीत इसी पर आधारित है जहाँ रत्नसेन बृहत्तर सत्य (पद्मावती) की तलाश में सिंघल द्वीप चला गया है। उपेक्षिता विरहिणी नागमती है तो रानी, पर उसका छप्पर टपक रहा है! अगल-बगल के घरों में टपकते छप्पर की मरम्मत पति-पत्नी मिलकर कर रहे हैं, पर नागमती को अकेले ही छप्पर छवाना पड़ेगा! विरह-व्यथा से तो क्लान्त है ही, सूख के काँटा हो गई है, ऊपर से काम का बोझ! और अकूत अकेलापन, इतने बड़े पलंग पर एक ओर करवट बदलकर लेटी हुई वह। उसके नैन ऐसे बरस रहे हैं जैसे छत की ओरी से हहाकर पानी बह रहा हो! धरती पर आकाश का प्यार टूट कर बरस रहा है, इससे उन सबका अकेलापन और घनीभूत हो गया है, जिन्हें प्रेम मिला ही नहीं, किसी ओर राह मुड़ गया है।

प्रेम-कहानियाँ

उत्तरी बिहार, यानी गंगा के उस पार के तिरहुत महामंडल में नानियाँ-दादियाँ जो धारावाहिक कहानियाँ सुनाया करती थीं, उनके संत्रास में एक पंक्ति का यह सम्पुट अवश्य लगा करता था—

'क़िस्सा गेल बन में/सोच अपने मन में'। (क़िस्सा चला वन में/अब उसके बारे में सोचते बैठो यानी उसे सुनो, मनन करो, उसके चरित्रों और उसकी स्थितिगत विडम्बनाओं पर!) जानेवाला तो गया। वानप्रस्थ के बाद जैसे लोग प्रकृति से एकात्म होने जंगल चले जाते हैं, संन्यस्त हो जाते हैं,

पीछे पलटकर देखते नहीं कि उनके बाद संसार नामक इस लीला नगरी पर क्या बीती, क़िस्सा भी बन चला गया, पर अनुगूँजें छोड़ गया। वे अनुगूँजें ही आनेवाली पीढ़ियों का पाथेय बनेंगी! अनुभव क़िस्सों में और अनुभूतियाँ कविताओं में बँटे ही जाते हैं, इस ख़ातिर कि आगे आनेवाली पीढ़ियाँ इसकी इजोत में अपने जीवन की स्थितिगत और चरित्रगत विडम्बनाएँ समझ सकें।

'क़िस्सों' से 'कहानियों' तक की यात्रा एक जटिल यात्रा थी! आधुनिकता के गर्भ से जो नई विधाएँ जन्मीं, 'प्रेम' और 'युद्ध'—पारम्परिक साहित्य के इन दो सनातन विषयों पर उनकी शंकालु निगाह ज़रा तिरछी पड़ी! मध्यकालीन रोमांसों में जो विरुदावली योद्धाओं और प्रेमियों की गाई गई, कुछ तो उसकी प्रतिक्रिया होगी, कुछ महायुद्धों, शीतयुद्ध, सिविल वार, विभाजन-जन्य खटासों का नतीजा कि जौ के साथ घुन पिस गया यानी युद्ध के नाम जो मलामतें भेजी गईं (और उचित ही), उनका शिकार उसका संगी 'प्रेम' भी हो गया। कुछ दशकों तक तो प्रेम-कविता के नाम पर सामने आईं 'द लव सांग ऑफ़ जे अल्फ्रेड फ्रॉक' जैसी रचनाएँ, जो प्रेम-कविता से ज़्यादा प्रेम पर व्यंग्य ही थीं। अपने यहाँ भी बात करें तो 'कनुप्रिया' और 'उर्वशी' मिथकीय सन्दर्भों का पुनर्रोपण नई ज़मीन पर करती थीं, पर युद्ध और अस्तित्वगत प्रश्नों के सन्दर्भ में।

यही हाल उपन्यासों का रहा। 'गुनाहों का देवता' (धर्मवीर भारती) और 'कसप' (मनोहर श्याम जोशी) आदि कुछ उपन्यासों को छोड़ दें तो अपने यहाँ भी प्रेम कथ्य के धरातल पर उसी तरह का एक आनुषंगिक भाव बनकर रहा जैसे 'अ फेयरवेल टु आर्म्स', 'गॉन विद द विंड', 'लव स्टोरी', 'लव इन द टाइम ऑफ़ कॉलरा', 'मी बिफोर यू' आदि पश्चिमी उपन्यासों में, जिन पर बड़ी फ़िल्में भी बनीं। 'वुदरिंग हाइट्स' और 'अन्ना केरेनिना' वाला उद्दाम आवेग वहाँ अनुपस्थित था। मानो प्रेम जैसे महाभाव की महाप्राणता धारण करने की मानवीय योग्यता ही सन्देह के घेरे में आ गई हो!

अनेक तरह के छोटे-बड़े विस्थापन झेलते हुए व्यावहारिक जगत में भी प्रेम का रंग कितना बदल गया था—एकनिष्ठता खटाई में पड़ गई थी। छोटे-छोटे अनेक संघातों में, क्षणिक स्पन्दनों में भीतर के सारे स्फुरण बिखरते नज़र आते थे, कोई सतत लौ सुलग ही नहीं पाती थी। सुलगती भी

तो पृष्ठभूमि में, और कोई उसके बारे में सीधी बात नहीं करता था। इस स्थिति का सबसे सटीक आकलन मुझे पोलिश कवि रोज़ेविक में मिला, जिसका एक तुरन्ता अनुवाद कुछ यों बनेगा :

और फिर सफ़ेदी की सही परिभाषा है—
श्यामलता,
पक्षी की पत्थर,
सूरजमुखी की दिसम्बर,
रोटी का सबसे सटीक वर्णन है भूख,
पानी की स्रोत-सदृश परिभाषा प्यास,
राख, रेगिस्तान,
और प्रेम-कविता की परिभाषा है—
ग़ैर-मांसलता।

जैसे लोककथा का राकस अपने प्राण तोते में छोड़ आता था, हम अपने प्रतिलोम में अपना मर्म छोड़ आते हैं—कुछ ऐसे कि अभाव में ही भाव रूपाकार पाता है। दुश्मन हमारा आईना हो जाता है। आत्मन् का कोलाहल ही परिवेश में पसर जाता है और सत्य हो जाता है जटिल! नौ रसों के घड़े फूट जाते हैं, घुल-मिलकर बहते हैं नौ रस। भावों की शुद्धता की अवधारणा ही तिरोहित हो जाती है! प्रेमी-प्रेमिका की तरह विरोधी भाव ही आलिंगनबद्ध हो जाते हैं—रूपक में हों या कथानक में।

'नगरी-नगरी द्वारे-द्वारे ढूँढ़ूँ मैं साँवरिया' भाव से पिछले सौ वर्षों की प्रेम-कहानियाँ ढूँढ़ने चली, तब जाकर यह तथ्य उजागर हुआ कि मेरे मन में जो प्रेम की सही पहचान है, वह उभारनेवाली उदात्त प्रेम-कहानियाँ भारतीय भाषाओं में ही नहीं, विश्व की अन्य प्रमुख भाषाओं में भी उँगली पर गिनने लायक़ ही हैं!

तो क्या है मेरे मन में प्रेम की मूल पहचान? यही कि एक के बहाने जब सारी दुनिया अपनी-अपनी-सी लगे तो समझो प्रेम हुआ। प्रेम वह जो हमारी अन्तर्निहित सम्भावनाओं के सहज प्रस्फुटन में सहायक हो। प्रेम है सारे दरवाज़े-खिड़कियाँ झपाक खोल देनेवाला एक विराट अहसास जहाँ

सब तू-तू, मैं-मैं मिट जाती है—कम-से-कम कुछ आविष्ट पलों में जब प्रेम का एहसास सघनतम होता है, जैसे युद्धभूमि में 'उसके' पति पर चली गोली अपने सीने पर खाकर गिरते लहना सिंह के मन में गहरे सन्तोष का अहसास या डेला और उसके पति के मन में उस अनूठे व्यर्थता-बोध का अहसास, जो त्रासद न होकर 'कामद' है (सन्दर्भ : 'द गिफ़्ट्स ऑफ़ मेज़ाई', ओ हेनरी) 'द गिफ़्ट्स ऑफ़ मेज़ाई' ग़रीब दम्पती की प्रेम-कहानी है। क्रिसमस के उपहार के पैसे जुटाने की धुन दोनों में है। कोई और जुगाड़ नहीं भिड़ता तो डेला अपने वही सुनहरे बाल विग बनानेवाले हेयर-ड्रेसर को बेच आती है, जिनके लिए जड़ाऊ क्लिप ख़रीदने की लगन में उसका पति अपनी पुश्तैनी घड़ी बेच देता है, वही घड़ी जिसके लिए सुनहरी बेल्ट ख़रीदने के लिए डेला ने बाल बेचे थे। बाल बेचकर जुटाए गए पैसों से घड़ी की सुनहरी बेल्ट लेकर जब डेला घर लौटती है तो पता चलता है कि वह घड़ी रही ही नहीं, उसके बदले आ गए थे सुनहरे क्लिप, पर जहाँ वे सजते, वे बाल तो अब हैं ही नहीं!

त्रासदी की पूरी अवधारणा मंचन है, मंचित है सम्भावनाओं के व्यर्थता-बोध (ट्रैजिक बेस्ट ऑफ़ पोटेंशियल) का। यह व्यर्थता-बोध की एक नई ही प्रजाति है, जो त्रासद से ज़्यादा कामद है! भौतिक धरातल पर यह झटका है, पर इस झटके से संलग्न प्रिय के नाम पर सर्वस्व न्यौछावर करने का जो व्यापक सन्तोष है, उसकी प्रकृति लहना सिंह के इस सन्तोष की सगोतिया ही है कि मैंने 'उसकी' बात का मान रखा है।

फ़ैज़ ने 'रकीब' से यों नाता जोड़ा था कि 'तुझसे वाबस्ता है उस हुस्न की यादें' पर लहना सिंह ने गुलाबी दुपट्टे वाली को ननिहाल की दही-दुकान पर दूर से देखा था, वह भी किशोरावस्था के प्रथम प्रहर में—उतनी-सी याद के आसरे उसने 'रकीब' की रक्षा में जान तक दे दी। यह सब देखते हुए तो प्रेम का एक आवश्यक घटक त्याग दिखाई देता है।

मोपासां की कहानी 'द नेकलेस' भी एक प्रेम कहानी की तरह पढ़ी जा सकती है। एक पतनोन्मुखी समाज की अत्यन्त रूपसी लड़की साधारण क्लर्क से ब्याह दी जाती है। क्लर्क का मन लगातार कलपता रहता है कि उसके रूप की विरुदावली गानेवाली भाषा उसे नहीं मिली, न ही वैसा परिवेश है

जहाँ उसकी रूपसी पत्नी की वैनिटी तुष्ट रह सके! बहुत उपक्रम करके वह एक बड़ी पार्टी का निमंत्रण और उसमें पहनकर जाने लायक़ गाउन पत्नी के लिए जुटाता है—पर अब उस गाउन पर फबनेवाला 'नेकलेस' कहाँ से आए! एक पुरानी सहेली उदारतापूर्वक हीरे का नेकलेस उधार देती है, जो पार्टी में लौटते समय खो जाता है। जिस बेताबी और परिताप के साथ दोनों पति-पत्नी बीस साल दिन-रात काम करके उस नेकलेस की प्रतिकृति ख़रीदने लायक़ पैसे जुटाते हैं, उसमें रूप और यौवन दोनों होम हो जाते हैं।...और एंटी-क्लाइमेक्स इस कहानी का यह है कि 'काँच के टुकड़े' पर दो पूरे जीवन क़ुर्बान! धनी सहेली ने ग़रीब सहेली को हीरे का नहीं काँच का हार दिया था। यहाँ दिन-रात खटकर पत्नी का मान रखने का जो भाव है और दोनों के बीच की बेचैन सहकारिता—प्रेम का नियोजक वही है!

जैनेन्द्र की 'जाह्नवी', अज्ञेय की 'रोज' और निर्मल वर्मा की 'एक रात का मेहमान' में भी अपने ढंग की टीस है। नई कहानी और उसके बाद के कथाकारों ने स्त्री-पुरुष सम्बन्धों के अनेक आयाम टटोले, पर उसका उन्नयन और टीस वाला पक्ष अनादृत ही छोड़ दिया, जिसके कारण प्रेम-कहानी प्रेम-कहानी बनती है। उपर्युक्त प्रेम-कहानियों के साथ एक ख़ूबसूरत बात यह भी है कि प्राय: सब-के-सब अपने समय की सामाजिक, आर्थिक और राजनीतिक विडम्बनाओं का भी जायज़ा देती हैं—उनका अन्तर्जगत बहिर्जगत की हलचलों से विच्छिन्न नहीं है। रवि बाबू, विभूति बाबू की बांग्ला कहानियाँ और मुकुन्दन की मलयाली कहानियाँ प्रेम का जो उदात्त पक्ष सामने लाती हैं, उनमें भी देश-काल की विडम्बनाएँ इसी तरह साफ़ पढ़ी जा सकती हैं।

समकालीन हिन्दी कथाकारों में रेणु की 'तीसरी कसम' और कमलेश्वर की 'नीली झील' भी दो उत्कृष्ट प्रेम-कहानियाँ हैं। शेखर जोशी की 'कोसी का घटवार' और स्वयं प्रकाश की 'नन्हा कासिद'! तरह-तरह की घेराबन्दियों में असमय ही मुरझा जाती प्रेम-कथा वार्धक्य में जब दुबारा कसमसाती है तो उसका जो उदात्त पक्ष सामने आता है, वह यही सिद्ध करता है कि प्रेम में आवेग चुक भी जाए तो सदाशयता नहीं चुकती, और रेजिमेंटेड समाज में 'बिन देखे और बिन पहचाने/तुम पर हम क़ुर्बान' हो जानेवाले प्रेम का

मूल साक्षी वे नन्हे कासिद भी होते हैं जिनसे 'बहनों' का हाल-चाल लिया जाता है, लजाते-झींकते हुए, परम परोक्ष भाव से।

उत्तर-आधुनिकता को 'रोमांस ऑफ़ द मार्जिनलाइज़्ड' कहते हैं, पर ग़ैर रूमानी पच्चीकारियाँ और रसों का मॉकटेल तैयार करने की इसकी महत्त्वाकांक्षा इसकी प्रेम-कहानियों में वह टीस नहीं जगने देती! रूमानियत झाड़ने के चक्कर में कभी-कभी मार्मिकता भी झड़ जाती है। नायक प्रतिनायक की साधारणता में भी जब प्रेम करने जाए तो उसके चरित्र का कोई तो मार्मिक पक्ष ऐसा उजागर होना चाहिए जो आगे आनेवाली पीढ़ियों के मन में ताउम्र टिमटिमाए, ख़ासकर तब जब वे प्रेम करने चलें। आज के समय में सिर्फ़ फ़िल्म स्टार, क्रिकेट स्टार, और रॉक स्टार ही युवकों के 'मॉडल' हो गए हैं। इनमें से कई पश्चिमी रॉक स्टारों का इंटरनेट जो परिचय देता है उनमें ऐसी भी सूचनाएँ शामिल होती हैं कि वे अपने जीवन में 4080 लड़कियों के साथ सोए, यानी स्त्री शरीर जिनके लिए पेप्सी कोला की बोतल ही थी और अपना शरीर था मोटर साइकिल का वह ब्रांड, जिसकी ईंधन-मितव्ययिता के बारे में विज्ञापन आता था—'फ़िल इट, शट इट, फ़ॉर्गेट इट!'

अच्छी प्रेम कहानियों का एक महत्त्व यह है कि वे शरीर को भी आत्मन् के मृणाल पर खिला कमल मानती हैं, जिसकी पंखुड़ियाँ नोंच फेंकने की कोई कल्पना भी नहीं कर सकता। अगर सचमुच किसी ने अच्छी प्रेम-कहानियाँ आत्मसात् की हों तो उसके अराजक होने के ख़तरे कम हो जाते हैं।

एक लम्बी प्रेम-कथा हिन्दी के समर्थ और समीचीन कवि-कथाकार गीत चतुर्वेदी लिख रहे हैं, जिसके कुछ मार्मिक प्रसंग 'पहल' में पढ़ने को मिले, 'ट्रेन टू रानीखेत'। कवि जब कहानियाँ लिखता है तो रूपक उसका शॉर्टहैंड स्क्रिप्ट हो जाते हैं। कभी-कभी पूरी स्थितिगत या चरित्रगत विडम्बना ही एक रूपक में दमक कर सामने आ जाती है। कहानीकार रानीखेत ले जाने का वायदा तो करता है, पर पर्वत-बेस में ही किसी ऐसे स्टेशन पर आपको अकेला छोड़ देता है, जहाँ से ऊपर की चढ़ाई आपको स्वयं करनी होती है!

चेख़व की 'जोंक' कहानी में किशोर नायक साथ स्कीइंग कर रही किशोरी के कान में धीरे से बार-बार कहता है कि वह उससे प्रेम करता

है—पर इतने अस्फुट ढंग से कहता है कि वह यह बात ठीक समझ नहीं पाती कि क्या कहा गया! बाद में जब निश्चित करना चाहती है कि क्या कहा गया तो वह घबराकर कह देता है कि हवा के तेज़ झोंके से कान बज रहे होंगे...और फिर वह ताउम्र इन्तज़ार ही करती है कि वह कुछ कहे...!

'असम्भव की तलाश' ही रूमान की सही परिभाषा है और प्रेम की भी! इसलिए अक्सर प्रेमकथा का रूमान झाड़ने की कोशिश स्वयं एक असम्भव तलाश हो जाती है। यहाँ फिर प्रसाद याद आते हैं—'तुमुल कोलाहल कलह में मैं हृदय की बात रे मन' : अगर प्रेम कहानी का एक पक्ष यह है तो दूसरा पक्ष यह भी कि 'ज्ञान दूर कुछ क्रिया भिन्न है, इच्छा क्यों पूरी हो मन की/ एक दूसरे से न मिल सके, यह विडम्बना है जीवन की...!'

विश्व-कविता में प्रेम

यह तो हम समझते ही हैं कि उत्पादन के साधन जब भी बदले, आदमी की भाषा में उसकी छब-ढब भी। इसी तरह स्त्री-शिक्षा और उसके क्रमिक सम्बलन के साथ-साथ विश्व-कविता में प्रेम की अभिव्यक्ति सूक्ष्मतर, गहनतर और आँकी-बाँकी भी होती चली गई। सामन्ती समाजों में प्रेम की अभिव्यक्ति अलग थी। वह रूपकीर्ति-स्पन्दित पूर्वराग से होता-हवाता आठ प्रकार के विवाहों/छप्पन प्रकार के कोर्टली रोमांसों में पल्लवित होता था या फिर महाकाव्यों में सविस्तार वर्णित युद्धप्रसंगों में तिरोहित हो जाता था (जैसे 'पृथ्वीराज रासो' और 'हेलेन ऑफ़ ट्रॉय' आदि में)।

असूर्यम्पश्याओं वाली पर्दानशीनी और बस एक झलक दिखाकर हमेशा के लिए आँख ओट-पहाड़ ओट हो जाने की स्थिति जिस तरह का उद्दाम रूमान जगा सकती है, उसके स्पन्दन से पूरी उर्दू और फ़ारसी शायरी भरी पड़ी है। पर आज के दिन ईरान की जानी-मानी कवयित्री फरो फराखजाद उस रूमान पर हँसती हुई कहती हैं—

मेरा प्रेमी
अपने जूतों की
धूल पोंछता है

जिस लत्ते से—
मजनू के तम्बू का फटा हुआ टुकड़ा है!

आदिकालीन संस्कृत, प्राकृत, अपभ्रंश, मैथिल काव्य में या फिर पूरे के पूरे भक्तिकाव्य और रीतिकाव्य में स्त्रियों की प्रेमाभिव्यक्ति अधिक मुखर है (उदाहरण—सारी भक्त कवयित्रियाँ, रीति कवयित्रियाँ, कालिदास, भवभूति, विद्यापति, सूरदास, बिहारी आदि की नायिकाएँ)! वहाँ पर्दानशीनी नहीं है, और अक्सर प्रेम मांसल भी है, पर दैहिकता अहं-विसर्जन झेलती ऐहिकता तक उठ आती है—यह बात निश्चित ही ध्यान में रखें। वहाँ देह प्रेम के सोपान की पहली सीढ़ी है, वह खुली छत नहीं, जहाँ तक सोपान हमें ले जा सकता है, अगर अहं-विसर्जन पूरा हो! इसी को भक्तिकाव्य ने मूलाधार से सहस्रार तक की यात्रा के रूप में प्रतीकित किया है। कबीर आदि के इशारे समझें तो हर चक्र, हर ऊर्जा-केन्द्र पर सकारात्मक और नकारात्मक वृत्तियों का एक जोड़ा है! धनात्मक वृत्तियाँ चुनकर आगे बढ़ते जाने से वह छत आ जाती है जब चित्त अनन्त हो जाए और एक के बहाने सारी दुनिया अपनी-अपनी लगने लगे!

प्रेम मांसलता से पूरी तरह ऊपर उठता है बीसवीं शताब्दी में, लेकिन अचानक नहीं। बीच-बीच में उद्दाम कामना के क्षण भी आते हैं—ख़ासकर वहाँ जहाँ कथानक मिथकों से उठाया गया हो, जैसे दिनकर की 'उर्वशी' और धर्मवीर भारती की 'कनुप्रिया' में। 'जुही की कली' आदि एकाध अपवादों को छोड़कर बाक़ी जगह श्रृंगार की धारा अत:सलिला की तरह तो बहती है, पर प्रेम की वैसी उच्छल अभिव्यक्ति का उसको हौसला नहीं होता! 'और भी ग़म है ज़माने में मुहब्बत के सिवा' वाले एहसास, भुखमरी, युद्ध और विस्थापन की भयावह त्रासदियों से गुज़रते हुए प्रेम कुछ सहम जाता है।

भुखमरी, युद्ध और विस्थापन की स्थितियाँ पहले भी थीं, पर इनके परिणाम विश्वव्यापी न थे। सभी युद्ध या दूसरी आपदाएँ 'स्थानीय' होती थीं तो अवसाद का आलम भी इतना व्यापक न था जितना वह पश्चिम में विश्वयुद्ध के बाद हुआ और लातिन अमरीका, अफ़्रीका, एशिया आदि नवस्वतंत्र उपनिवेशों में विभाजन, विस्थापन आदि अनेक भयावह स्थितियों के बाद! पश्चिम में भी राजनीतिक यातनाएँ झेलता एक पूरब था—आयरलैंड,

जर्मनी-फ्रांस-पोलैंड-स्पेन और सोवियत संघ की पूर्वापर इकाइयों वाला हिस्सा। उसकी स्थिति और भी विषम थी क्योंकि उसको तो विश्वयुद्धों ने उतना ही तोड़ा था जितना गृहयुद्धों ने!

ज़्यादातर देशों में विश्वयुद्ध तथा शीतयुद्ध और गृहयुद्धों के बाद पुरुष जनसंख्या घटी। जो खेत नहीं भी रहे, वे मानसिक या शारीरिक रूप से क्षतिग्रस्त तो हुए ही। इसी कारण स्त्रियाँ नौकरी करने बाहर निकलीं, ज़्यादातर नर्स के रूप में या—जैसा कि उन दिनों की फ़िल्मों के नाम भी बताते हैं, 'टेलीफ़ोन गर्ल', 'स्पाइस गर्ल', 'कैलेंडर गर्ल', 'माई स्टार टाइपिस्ट', 'कम्फर्ट गर्ल' आदि के रूप में। चूँकि उनके पास पूरी डिग्रियाँ नहीं थीं, ज़्यादातर स्त्रियों को नौकरियाँ बहुत सम्मानजनक नहीं मिलीं, पर उन्होंने इस बात का पूरा ध्यान रखा कि उनकी अगली पीढ़ी पूरी तरह शिक्षादीप्त सजग स्त्रियों की पीढ़ी हो!

यह पीढ़ी जब सामने आई—तब पहली बार विश्व-स्तर पर यह बड़ा परिवर्तन हुआ कि नायिका का बाहरी सौन्दर्य प्रेम का मानक नहीं रह गया, और स्वयं स्त्रियाँ भी जो प्रेम कविताएँ लेकर सामने आइं, उनमें प्रेमी से 'फ़र्स्ट डिज़र्व देन डिज़ायर' वाली अपेक्षाएँ थीं। अपनी तरफ़ की काव्य-भाषा में इसे ऐसे कहा जा सकता है कि पद्मिनी नायिकाओं का स्वप्न देखने से पहले आप भी तो धीरोदात्त नायक बनें और नहीं बन पाते तो कम-से-कम दोस्त अच्छे बन जाएँ! इससे भी काम चलता है, बल्कि ख़ूब अच्छा चलता है! तो प्रेम में दोस्ती का रंग गहरा हुआ!

जिसने श्यामलता नहीं जानी, वह सफ़ेदी का मतलब जान ही नहीं सकता! जिसने गुलेल से पत्थर की चोट नहीं जानी, वह पक्षी होने का मर्म क्या जाने! दिसम्बर की निष्ठुर कँपकँपाहट में ही सूरजमुखी का रस-संचार पूरा होता है। इसी तरह भूख, प्यास और रेगिस्तान से गुज़रते हुए ही रोटी और पानी का स्वाद ठीक से खुलता है। जो देह में रमा रह गया, विदेह न हुआ, उसने क्या ख़ाक प्रेम किया!

शायद इसी तर्क से सृष्टि में सारी धनात्मक और ऋणात्मक वृत्तियाँ जुड़वाँ भाई-बहनों की तरह साथ ही जन्मीं। शायद इसी तर्क से हमारे सन्तों ने कल्पना की या उन्हें सचमुच ही महसूस हुआ कि बहिर्जगत अन्तर्जगत में

प्रतिबिम्बित है और हमारे मेरुदंड पर विभिन्न ऊर्जा-केन्द्र हैं जहाँ धनात्मक-ऋणात्मक ऊर्जाएँ जोड़ा बनाकर बैठी हैं। मूलाधार में स्थित हमारी सर्जनात्मक शक्ति (कुंडलिनी) जब किसी बाहरी-भीतरी प्रेरणा से जगती है और इन्हीं ऊर्जा-केन्द्रों पर संघनित वृत्तियों की ओर बढ़ती हुई सिर्फ़ धनात्मक वृत्तियाँ ग्रहण करती है तो व्यक्ति का चित्त अन्ततः आकाश हो जाता है! मैं कोई साधक नहीं, मेरे अपने अनुभव के पार हैं ये स्थितियाँ पर इन्हें महाकाव्य के रूपक की तरह पढ़ना मुझे अच्छा लगता है। प्रेम की पीर समझनेवाला हर आधुनिक पाठक—चाहे वह आस्तिक हो, चाहे नास्तिक—मेरी तरह इसे एक सरस काव्य-रूपक की तरह पढ़ सकता है, बल्कि उसे ऐसा पढ़ना ही चाहिए—तब जाकर उसे भारतीय भक्ति कविता या सूफ़ी कविता का यह आधारभूत प्रमेय समझ में आएगा कि प्रेम अहंकार-विसर्जन की महायात्रा है जिसे कबीर ने 'जित देखो तित लाल' की स्थिति कहा!

'प्रेम की इस अकथ कहानी' के खंड-पारायण के बाद पुनः विश्व-कविता की ओर हम लौटें तो दो मुख्य स्थापनाएँ जो मुझे सामने झिलमिलाती दिखाई देती हैं, मैं आपसे साझा करती हूँ :

(1) पहली तो यह कि भाव का सम्बन्ध अभाव से चूँकि गहरा है, कविता उन्हीं देशों में फूली-फैली जिनके यहाँ जातीय स्मृतियों का कोष समृद्ध था, प्राकृतिक वैभव अपार और बाहरी आक्रमणकारियों/औपनिवेशिक ताक़तों द्वारा राजनीतिक दमन और आर्थिक दोहन का सिलसिला जटिल और पुराना—मसलन—दक्षिणेशिया, पुराने अरब देश, अफ्रीका और लातिन अमरीका में। यूरोप में आयरलैंड, जर्मनी, फ्रांस और पोलैंड ऐसे क्षेत्र थे।

अब इसे भी इसी तर्क से समझें कि धनात्मक और ऋणात्मक ऊर्जाएँ चूँकि सहजात हैं, दुनिया के हर अमंगल में भी मंगल के बीज छुपे होते हैं! बाढ़ की विभीषिका उतरती है तो समझ में आता है कि बहुत कुछ गया पर हमारी ज़मीन उर्वर हो गई! सभ्यताओं के संघर्ष (युद्ध/औपनिवेशिक दोहन) का अन्त भी अक्सर सभ्यताओं के संवाद में होता है और इससे भाषिक

और सांस्कृतिक विरासतें लहलहा उठती हैं!

मेरे विचार से यही कारण रहा होगा कि प्राचीन सभ्यताएँ (ग्रीक, यूनानी, भारतीय, चीनी, इजिप्शियन और अरबी सभ्यताएँ) पुरानी विरासत की आधार-पट्टिकाओं पर नई स्वरमालिकाएँ उतारती चली गईं और इससे उनकी सांस्कृतिक विरासत समृद्धतर हुई। पहले आधुनिकता के दौर में और अब इंटरनेट शासित उत्तर-आधुनिकता के दौर में 'फ़्यूजन' और अन्त:पाठीय संवादों का चलन सघनतर हुआ। एक बड़ी भूमिका इस आदान-प्रदान में अनुवादों की भी थी। यह अकारण नहीं है कि विश्वयुद्ध के अनन्तर पनपी आधुनिकता के दौर में और उसके बाद अन्तर्जाल-सम्पोषित उत्तर आधुनिकता के दौर में काव्यानुवाद सबसे ज़्यादा हुए और काव्यान्दोलनों का प्रभाव भी पारस्परिक रहा!

कविता किसी वैयक्तिक या जातीय विभीषिका के बाद अकेले पड़े आदमी के चित्त में प्राणशक्ति जगाने का सबसे बड़ा उपाय है—ख़ासकर सस्वर पढ़े जाने पर कविता पाठक के चित्त में नाद-शक्ति और अर्थवैभव के अनेक संकेत और रंग-रससिंचित अनन्त अर्थवर्तुल खोलती चली जाती है—किसी केलाइडोस्कोप की तरह, और मन का मोबाइल मिनटों में रीचार्ज हो जाता है!

यह अकारण नहीं है कि विश्वयुद्ध के दौरान पहली बार 'पेंग्विन' ने दुनिया की सारी भाषाओं से द्विभाषी अंग्रेजी अनुवाद उपलब्ध कराए और औपनिवेशिक दासता से हाल ही में मुक्त हुए भूखंड उनका अपनी-अपनी भाषाओं में अनुवाद करते गए। प्राय: सभी महत्त्वपूर्ण कवियों के लिए उस समय शासक-भाषा (अंग्रेजी) का जनतांत्रीकरण सूत्रधार भाषा के रूप में हुआ अर्थात् क्वीन्स इंग्लिश भारतीय अंग्रेजी, अश्वेत अंग्रेजी आदि के रूप में एक जनतांत्रिक दोस्त-भाषा बन गई—सांस्कृतिक आदान-प्रदान में सहायक दोस्त-भाषा। वैसे तो विश्व-साहित्य की अवधारणा गेटे की है पर विश्व-कविता के रूप में यह फली-फूली अनुवाद-श्रृंखलाओं के बाद ही!

(2) दूसरी और अन्तिम बात इस सन्दर्भ में मुझे यह कहनी है कि विश्वयुद्ध के बाद के दिनों में औपनिवेषिक शासन की भाषा—अंग्रेजी—में प्रेम कविता गधे का सींग हो गई! टी.एस. इलियट की 'द लव सॉन्ग ऑफ़ जे. अल्फ्रेड प्रूफ्रॉक' नाम की कविता

प्रेम-कविता है ही नहीं, दरअसल वह आधुनिक व्यक्ति के प्रेम कर पाने की क्षमता पर ही एक बड़ा प्रश्नचिह्न है : 'डू आई केयर डिस्टर्ब द यूनिवर्स' का संकोच इतनी हिंसा कर चुकने के बाद की आत्मग्लानि का प्रतीक है। यूरोपीय सभ्यता के ध्वंस में शोकगीत के रूप में यदि हम 'द वेस्ट लैंड' को पढ़ें तो प्रेम कर सकने की मानवीय क्षमता पर विश्वास व्यक्त करते हुए बस एक ही ब्रिटिश कवि दिखाई देते हैं—डब्ल्यू.बी. येट्स!

अंग्रेजी प्रभुत्व वाले दूसरे बड़े क्षेत्र, अमरीका में भी जॉन डन और एमिली डिकिन्सन की तीन मानस-पुत्रियों—सिल्विया प्लाथ, ऐन सेक्टन और एंड्रीन रिच द्वारा ब्लैक ह्यूमर के अद्भुत विडम्बना-बोध के साथ कुछ ऐसी प्रेम कविताएँ लिखी गईं जो शब्द की पूरी सच्चाई के साथ ग़ैररूमानी हैं और पर्सनल-पोलिटिकल के कॉस्मिक-कॉमनप्लेस की अद्भुत जुगलबन्दी!

यही जुगलबन्दी बाद की स्त्री-कविता, अश्वेत कविता और पूरी की पूरी उत्तर-औपनिवेशिक कविता की आधार तकनीक बनी जिसमें एक रस या एक भावस्थिति या एक स्वर पर क़ायम रहने के शुद्धतावादी तेवर को स्पष्ट चुनौती मिली है और विधाओं की वर्णसंकरता को सहज स्वीकृति।

भावों की शुद्धता वैसे भी एक रूमानी धारणा तो है ही जो मनुष्य के दिमाग़ की क्लिष्ट बनावट से मेल नहीं खाती! नाक तक प्रेम में डूबा व्यक्ति भी सिर्फ़-सिर्फ़ प्रेम के बारे में नहीं सोचता—प्रिय के पासंग में बैठे-बैठे भी कभी उसे पैसों की चिन्ता सता सकती है, कभी घरेलू झगड़ों और अन्तर्राष्ट्रीय तनावों की भी!

एक छोटे लेख के परिवृत्त में आधारप्रमेय ही चिह्नित किए जा सकते हैं, और अन्त में यह कहते हुए बात समाप्त की जा सकती है कि प्रेम समय के साथ अधिक दोस्ताना हुआ है तो, प्रेम-कविताएँ भी अधिक अनौपचारिक होनी ही थीं। प्रेम-पात्र के नख-शिख वर्णन में कोई अब अपना समय बर्बाद नहीं करता! हिब्रू कवि अमीचाई इस दौर के सबसे इंटेंस प्रेम कवि हैं, उनके यहाँ युद्धकातर समय में लगातार तन-मन से विस्थापित रहे एक यायावर प्रेमी की मांसल प्रेम कविताएँ अनेक हैं और एक से एक ख़ूबसूरत। पर उनके यहाँ भी देह-यष्टि का रूपकात्मक वितान नहीं है, भावों की सान्द्रता पर

ज़ोर है—याद आती है तो बिछड़ गई किसी प्रेमिका की अंगूर के गुच्छे-सी हँसी, उसकी दृष्टि। उसका पलटकर देखना याद आता है या उसका कोई जेस्चर या भावमुद्रा या अपनी ही कोई स्थितिगत विडम्बना या समष्टि से व्यक्ति की पुरानी तक़रार जहाँ दो-तीन तरह के रसों का संचार एक साथ हो जाता है। कहीं देह आती भी है तो 'करुणा' और 'भयावह' रस से सम्पृक्त और बिम्ब भी मशीनों से आते हैं :

उन्होंने बड़ी कुशलता से काट डाली
मेरे नितम्बों से जंघा तुम्हारी!
मेरे लिए तो वे शल्य चिकित्सक हैं, शल्यचिकित्सक हैं वे सारे!
ठोक-ठाककर मुझको अलग कर दिया तुमसे!
मेरे लिए तो अभियन्ता हैं सारे के सारे!
एक बड़ा आविष्कार ही हैं हम उनके लिए!
एक हवाई जहाज़—दो का ही जिसमें हो स्पेस।
डैनों के साथ, साथ सब लम्प-लिफ़ाफ़े के हम
धरती के ऊपर
मँडराए तो थोड़ी देर,
थोड़ा-सा उड़ भी लिये!

कुल मिलाकर बात यह सामने आती है कि विस्थापन-प्रवण इस युग में जीवन-भर एक व्यक्ति का उत्कट साथ चूँकि एक सुन्दर सपना हो गया है, नए लोग लहरों पर बहते दीयों की तरह कुछ देर साथ मिलकर बहते हैं, फिर अलग दिशा में बह जाते हैं—किसी और दीए के साथ; पर इस क्रम में अच्छी स्मृतियों की कृतज्ञता निश्चित ही बनी रहती है। यही कृतज्ञता प्रेम-कविताओं में भी प्रेमेतर प्रसंगों या राजनीतिक/सामाजिक/आर्थिक चिन्ताओं की ओट लेकर शरमाती हुई झाँक जाती है कभी-कभी! प्रेम में शर्मीलापन उतना ही अच्छा है जितना प्रेम-कविताओं में क्योंकि कुल मिलाकर कविता है तो व्यंजनात्मक विधा ही जहाँ संकेत अधिक प्रभावी होते हैं। 'खुला खेल फ़र्रूख़ाबादी' इसकी संवेदना के निकट नहीं पड़ता! युग कोई भी हो, प्रेम हम सबकी मनोवैज्ञानिक आवश्यकता तो है ही! जैसा पहले भी कहा अनादर,

उपेक्षा, द्वेष-ईर्ष्या और अन्धी स्पर्द्धा की मारी हुई इस दुनिया में जब हर व्यक्ति, हर प्रसंग एक बिदके हुए घोड़े की तरह हमारा पूरा वजूद कुचल डालने को उद्यत घूम रहा हो—आहत अहं पर यह कितना बड़ा मरहम है कि कोई तो है जो मेरी क़दर करता है, जिसकी आँखों में एक चमक पैदा होती है मुझे देखकर, जो मेरी उपादेयता, मेरी भलमनसाहत, मेरी पात्रता पर प्रश्नचिन्ह नहीं लगाता! पर जीवन-जगत् की विडम्बनाएँ ऐसी हैं कि 'ऐसा कोई ना मिला जिनसौ रहिये लागी' की स्थिति बनी हुई है। कभी सच्चा प्रेम मिला भी तो भेदभाव की संरचना से बिंधे हुए यांत्रिक समाजों में प्रेमी उठल्लू ही गिने जाते हैं—लव जिहादों में भून देने लायक़ या खाप पंचायतों की फाँसी पर टाँग देने लायक़। प्रेमियों की मग्न आत्मीयता प्रेमविरत लोगों के पुलिसिया समुदाय में कैसी बेचैनियाँ जगाती है, शिम्बोर्स्का इसे पूरे बाँकपन के साथ दर्ज करती है—

सच्चा प्रेम?
क्या यह सामान्य बात है—
गम्भीर और व्यावहारिक?
क्या मिलता है दुनिया को
ऐसे दो लोगों से
जो अपनी ही दुनिया में गुम हैं?
...रोशनी कहीं से उतरती है
बस इन्हीं दो लोगों पर, और कहीं भी नहीं!
...क्या यह माना जाएगा न्यायसम्मत?
ऊपर से टपकाई सब नीतियों का उल्लंघन
नहीं क्या यह?
...सामने मित्रों के
थोड़ी हताशा का अभिनय ही कर लेते!
देखो तो उनकी हँसी—
कल-कल, छल-छल बहती!
इसके आगे धर्म क्या है और कविता क्या?
क्या यह षड्यंत्र नहीं

मानव जाति के लिए?
समझदारी तो यही थी कि
चुपचाप मटिया देते इसको—
सब अच्छे बच्चे, प्यारे बच्चे—
प्रेम की मदद के बिना ही
जनम क्या नहीं जाते?
जिन्हें नहीं मिला प्रेम सच्चा,
कहने दो उनको कि यह कोई चीज़ नहीं!
आसान हो जाएगा उनका जीना-मरना
इस विश्वास के तले!

वैसे भाई, चिन्ता तो इसकी ही करनी चाहिए कि आपने सच्चा प्रेम दिया कि नहीं, आपको सच्चा प्रेम मिला कि नहीं—जब तक यह चिन्ता रहेगी, आपके प्रेम की पात्रता सन्दिग्ध ही रहेगी! मेरे कवि पिता श्यामनन्दन किशोर अपनी कविताओं में ये ही समझाकर गए—जब तक मन मन है यानी कि वह अ-मन न हुआ, पेंडुलम की तरह ध्रुवान्तों के बीच डोलता ही रहेगा और जहाँ उसको बीच के झिलमिल प्रदेश में टेक मिल गई, तल्लीनता व्याप जाएगी चित्त में और एक के बहाने सारी दुनिया अपनी-अपनी सी लगने लगेगी—एक अलग तरह की बादशाहत व्यापेगी चित्त को—'जाको कछु न चाहिए सो ही शाहंशाह' वाली

नहीं मैं युग कठिन दुख का,
नहीं मैं दिन मिलन-सुख का,
किसी की याद से लिपटे हुए
बर्बाद दो क्षण हूँ
कि मैं सम्राट निर्धन हूँ!

2025

अनामिका

साथ जुड़ें साथ पढ़ें